한 권으로 끝내는
대부업, 대부중개업
창업 가이드북

부모가 읽고
자녀에게 권하는 현금으로 걱정 없는 금융 서적

한 권으로 끝내는
대부업,
대부중개업
창업
가이드북

이상준 지음

두드림미디어

저자 이상준 박사의 박사 학위 논문을 지도했다. 이 박사는 목표에 대한 집중력이 강하다. 이 박사와 함께하면 저절로 힘이 솟는다. 에너지가 넘치기 때문이다. 그동안 부동산 투자법과 관련된 저서를 많이 출간했는데, 이번에는《한 권으로 끝내는 대부업, 대부중개업 창업 가이드북》을 발간했다. 최근 직장인들은 조기퇴직에 대한 불안이 늘고 있고, 서민들은 고물가로 가난해지고 있으며, 자영업자는 고임금으로 답답하고 힘든 세상이 되었다. 이 책이 이러한 세상에 희망을 전하는 '해피 바이러스'가 되길 기대한다.

– 건국대학교 대외부총장, 한국연구재단 학술진흥본부장 역임,
건국대학교 융합 인재학과 **이상엽 교수**

노후를 책임지는 수익형 부동산 투자법으로 100세 시대를 고민하는 많은 사람을 신흥 부자의 길로 인도해 슈퍼리치를 탄생시키고, 수많은 제자를 양성하는 이상준 교수가 대부업과 대부중개업으로 대한민국 역사에 새롭게 노크했다. 금융, 경제, 대부업, 대부중개업, 성공, 사랑, 행복, 가족, 친구, 정치, 복지, 철학, 예술 등이 종합적으로 실린 이 책은 미래를 함께할 수많은 젊은이의 삶에 이정표가 될 것이다. 끈기를 대적할 적은 없다. 저자는 이 책에서 금융기관에서 32년간 근무하면서 알게 된 실무 지식과 실전 노하우를 알려준다. 또한 대부업과 대부중개업 실전 사례를 통해 희망의 메시지를 들려준다. 돈, 경제력, 100세 시대, 자산관리를 함축적인 언어로 표현하면, '꿈, 비전, 희망'이 될 것이다. 4차 산업혁명 시대, 미래를 예측하기가 쉽지 않은 시대에 경제적 여유를 희망하는 젊은이와 성인들에게 유용한 안내서가 될 것이다.

– 단국대학교 경영대학원 **김영국 주임교수**

대부업과 대부중개업을 통해 우리 자녀들이 금융과 경제, 이자율을 공부하고, 경제에 대한 좋은 습관을 쉽게 쌓고 포기하지 않게 하는 정신력 코칭 지도서다! 썩은 나무로는 아무것도 조각할 수 없다는 깨달음과 정갈한 맛을 느끼게 해주는 책이다. 다양한 재테크(NPL 경매-부실채권, GPL-정상채권, 특수물건, 돈 되는 재개발·재건축)의 전도사가 되더니 감성이 풍부한 이상준 교수가 그동안 숨겨놓았던 대부업, 대부중개업의 실전 실무과정에서 겪은 다양한 이야기보따리를 풀었다. 그는《한 권으로 끝내는 대부업, 대부중개업 창업 가이드북》으로 자신의 꿈을 향해 쉽게 포기하지 말고 새롭게 도전하라는 희망의 메시지를 전하고 있다. 이상준 교수는 흙수저로 태어나 평범한 사람도 부자가 될 수 있다는 용기를 주고 있다. 저자의 진심이 책 전체에서 전해진다. 이 책은 현대 사회의 변화하는 과정에 가장 근접해 있어야 하는 부동산과 금융에 대한 실무 정보를 담은 금융경제 서적이다. 이 책을 청소년과 성인, 누구에게나 추천하고 싶다.

-《1% 저금리 시대 수익형 부동산이 답이다》저자,
한국열린사이버대학과장 **최현일 교수**

옛것을 익히고 새것을 알면

남의 스승이 될 수 있다(溫故而知新, 可以爲師矣).

— 《논어(論語)》, 〈위정(爲政)〉

　옛것을 깊이 배움으로써 새로운 것을 알게 되는 온고지신(溫故知新)의 길은 언제나 고통 속에서 피어난다. 마치 겨울을 이겨낸 향기 나는 꽃처럼 새로움을 알게 해주는 책이다. 상준 형님을 처음 만나고 새로운 가치를 창조해내시는 용기와 열정을 보고 전율이 느껴졌다. 어려운 가정환경에서 새로운 것들을 하나하나 이루어내시고도 또 다른 비전을 찾아 도약하시는 모습에서 더 큰 성공자의 미래를 보았다. 올해는 《한 권으로 끝내는 대부업, 대부중개업 창업 가이드북》을 발간해 따뜻한 세상에 마중물이 되고 싶다는 진솔한 마음을 이야기하셨는데, 실제 이 책은 수많은 독자에게 따뜻한 삶의 이야기를 전달해주는 봄비 같은 책이라는 확신이 든다. "하늘에서 비가 온다. 그 비가 하늘에서 내려주는 천복이라면 어떻게 이 복을 다 받을 수 있을까?" 그 방법은 우주를 품 안에 담을 수 있는 그릇을 키우는 법이다. 상준 형님은 그런 넓은 마음을 가지고 계시는 분이시다.

— 〈한국법률경제신문〉 발행인,
메리트법무법인 **김규동 변호사**

재테크, 자산관리 GPL, NPL 경·공매 전도사에 새롭게 도전장을 내민 이상준 교수의 도전이 어디까지인지 찬사를 보내고 싶다. 누구나 부자가 될 수 있는 비밀 노트를 풀어주더니 이번에는 음성적이고 부정적인 이미지를 싹 씻어내버린 대부업, 대부중개업의 실전 실무 서적이다. 금융과 경제를 읽기 쉽게 풀어내어 자산을 늘릴 수 있는 방법을 쉽게 이해시켜주는 저자의 수고에 아낌없는 박수를 보낸다. 정상채권(GPL), 부실채권(NPL) 투자 카페 및 이상준 아카데미 정통 전도사로 소문이 나 있는 저자는 재테크에 관한 여러 권의 책을 출간하면서 많은 사람이 재테크에 도전하도록 격려했다. 이 책은 지금까지 저자가 반평생 이상을 살아오면서 일어났던 다양한 대출과 여·수신 금융업 사례를 바탕으로 본인과 수강생들, 그리고 주변인의 감동적인 이야기를 담고 있다. 새로운 분야의 경제금융 서적이지만 저자의 신비한 마력으로 독자를 사로잡는 흡입력을 가진 책이다.

– 서울경제연합회 및 사색의 향기(173만 회원)의 회원,

신지식인이자 인맥왕 **박희영 이사장**

이상준 박사님을 생각하면 가장 먼저 떠오르는 단어가 있다. '열정', '실천', '성과', 오늘도 식지 않는 열정으로 삶에 영혼을 불어넣으며 또 다른 성과를 맺으려고 실천하는 모습이 눈앞에 선하다. 문득 '왜 이 사람은 인문학에 이어 금융업에 관심이 많은 걸까?'라는 생각이 들었다. 이 책에 그 답이 있었다. 누구나 연극의 주인공처럼 성공할 만한 이야기를 가지고 있다. 그런 주인공들과 삶을 나누면서 그들의 이야기를 담았다. 수많은 사람들에게 '비르투스(Virtus, 덕망)'의 대부업과 대부중개업 금융업을 전하면서 따뜻한 세상을 펼쳐내는 모습에서 진솔한 삶을 엿보았다. 이 책을 통해 우리 모두가 꿈꾸는 행복한 미래에 다가갈 수 있기를 간절히 소망한다.

– 한국지방자치학회 학회장,
건국대학교 **소순창 교수**

황금에 흙이 묻었다고 가치가 떨어지는 것은 아니다. 대부업이나 대부중개업을 금융업으로 사용하면 부정적인 이미지가 사라진다. 이제는 불법 대부업이 아닌 아파트, 토지, 상가, 오피스텔 등을 담보로 근저당권을 설정하고 개인도 창업으로 투잡, 쓰리잡을 하는 시대가 되었다. 돈에 이름표가 붙어 있지 않다는 뜻이다.

필자는 태어나서 지금까지 주식이나 비트코인 같은 투자를 한 경험이 없다. 여유자금이 있는 것도 아니어서 신용대출, 또는 카드론, 보험 약관대출을 받아 친구들에게 돈을 빌려주고, 빌려준 돈을 돌려달라고 요청도 하지 못하는 쑥맥이다. 그러다 보니 지인들 사이에 "상준이 돈은 빌리고 안 줘도 돼"라는 이야기가 돌 정도로 일명 '호구'가 되었다. 아시아 호구에서 글로벌 호구가 된 필자가 대부업과 대부중개업으로 연봉 10억 원 성공 신화를 이루고 시간적·경제적 자유인이 되었다.

고물가로 많은 소시민이 가난해졌고, 또 가난해지고 있다. 채소와

과일값이 상승하다 보니 식대도 7,000원 이상이고, 김밥 한 줄에도 5,000원을 상회하고 있다. 고환율, 고유가, 고이자, 고실업 고임금, 이런 시대에 사는 우리는 시대의 변화에 적응해야 한다. 경기가 나빠지는 것이 아니라, 시장의 패턴이 변하고 있는 것이다. 이에 적응하지 못하면 죽을 때까지 일하면서 살아야 할지도 모른다. 이런 삶을 살아가지 않기 위해 필자가 제시하는 대부업과 자본금이 필요 없이 창업이 가능한 대부중개업 실무자 과정 정보를 제대로 알아보았으면 좋겠다.

우리는 모두 행복한 삶을 사는 것이 꿈일 것이다. 그런 원하는 삶을 위해 대부중개업과 대부업을 통한 GPL+NPL 융합 투자법을 제대로 알아보자. 필자는 퇴사 후 연봉의 5~10배 이상 수익을 창출하고 있는 시간적·경제적 자유인이며, 32년 경력의 금융전문가, 국가공인 자산관리사다. 이 책에서는 시간적·경제적 자유인으로 가는 안전하고 올바른 길을 안내하고자 한다.

필자는 32년 동안 금융기관에서 일하면서 대출 업무와 고객자산 관리 상담을 해오며 부자들이 어떻게 부자가 되었는지를 연구했다. 그리고 은행 퇴사 후 10년 동안 대부업과 대부중개업을 운영해오면서 원금 손실과 같은 수많은 시행착오를 겪기도 하며 여기까지 왔다.

이 책에서는 대부업을 시작하려는 1인 창업자들과 중개업으로 또 다른 월급을 받는 방법을 공개한다. 많은 사람들이 직장에 다니면서 대리운전을 하거나 쿠팡 물류센터에서 일하며 투잡, 쓰리잡을 하고 있지만, 임금 상승 대비 물가 상승률이 너무 높아 생각과 다르게 점점 더 가난해지고 있다. 이 책에서는 이러한 가난한 현실에서 조금이라도 벗어나려는 사람들을 위해 대부업과 대부중개업 노하우를 아낌없이 공개한다.

이 책은 지금까지 퍼져 있던 불건전한 이미지가 아닌, 진짜 대부업, 대부중개업을 이해하기 쉽게 전달한다. 건전하고 정상적인 방법으로 돈을 벌고 경제적 자유를 안겨줄 방법을 필자의 오랜 경험과 주변 사례를 통해 전하고 있다. 또한 원금 손실 예방과 저당권 실행 후 잔존채권 발생 시 고단수 사후관리를 통해 채무자를 독촉해 원리금을 받는 방법과 개인회생 파산 신청 시 대응 방법 등 대부업·대부중개업의 이론과 실무 내용, 그리고 이와 관련된 법률의 내용을 수록했다. 마지막 장에는 대부업 및 대부중개업 관련 서식을 담아 독자들이 대부업, 대부중개업 창업을 할 때 실질적으로 도움을 받을 수 있도록 구성했다.

필자는 금융기관 퇴사 후 1년 만에 전 직장 연봉의 5배 이상을 만드는 방법을 찾아냈다. 이 책에서는 더 이상 돈의 노예가 되지 말고 돈을 노예로 만들어 돈이 나 대신 일하게 만드는 방법을 다루었기에 많은 분들에게 도움이 되었으면 좋겠다.

이상준

대부업, 대부중개업의 이해

'대부업(貸付業)'이란, 금전의 대부(어음 할인·양도 담보, 그 밖에 이와 비슷한 방법을 통한 금전의 교부를 포함)를 업(業)으로 하거나 대부업자나 여신금융기관으로부터 채권을 양도받아 이를 추심(대부채권 매입 추심)하는 것을 업으로 하는 것을 말한다.

　대부중개업(貸付仲介業)은 돈을 빌려주거나 빌려 쓰는 일을 중간에서 주선하는 영업을 하는 업체 또는 대부중개를 업으로 하는 것을 말한다. 대부중개업자란 '대부업 등의 등록 및 금융이용자 보호에 관한 법률' 제3조에 따라 대부중개업의 등록을 한 자를 말한다.

01 대부업, 대부중개업의 이해

대부업은 은행이나 저축은행과 달리 예금을 취급하지 않고 대출 및 채권추심과 같은 여신 업무를 취급하는 기타금융업이다. 주로 저신용자를 대상으로 대출을 시행하며, 상대적으로 높은 이자를 받는다. 금전의 대부, 또는 대부계약에 따른 채권을 양도받아 이를 추심하는 것을 주 업무로 하는데, '대부'란 이자의 지급을 조건으로 금전을 일정 기간 대출해주는 것으로, 어음 할인·양도 담보, 그 밖에 이와 비슷한 방법을 통한 금전의 교부를 포함해서 이르는 용어다.

2002년 '대부업의 등록 및 금융 이용자 보호에 관한 법률'이 제정되어 대부업의 등록 및 대부업자에 대한 법적 감독이 시행되었다. 이 법은 2009년 '대부업 등의 등록 및 금융이용자 보호에 관한 법률'로 명칭이 변경되면서 대부중개업을 포함해 적용의 폭을 확대해서 취급 업체에 대한 기준을 정하고 이자율과 채권 추심 방법을 제한하는 등

금융이용자 보호를 위한 제반 법적 제도를 규정하고 있다.

대부업은 현재 법정 최고이자 연 20%까지 대출금 이자 약정으로 이자 수입이 가능하며, 대부중개업은 500만 원까지 3%, 500만 원 초과는 2.25%, 중개알선수수료 징구로 수입 창출이 가능하다.

중개수수료 상한

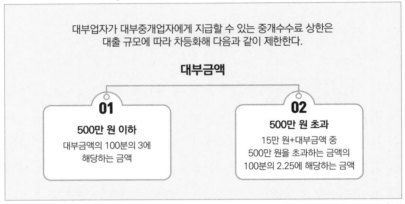

대부업자가 대부중개업자에게 지급할 수 있는 중개수수료 상한은 대출 규모에 따라 차등화해 다음과 같이 제한한다.

대부금액

01
500만 원 이하
대부금액의 100분의 3에 해당하는 금액

02
500만 원 초과
15만 원+대부금액 중 500만 원을 초과하는 금액의 100분의 2.25에 해당하는 금액

출처 : 금융위원회, 대한대부협회

법적 기준

1. 대부업

대부업은 금융 시장에서 소외되어온 저신용자에 대한 금융제공자로의 순기능을 담당해왔으나 관련 법이 제정되기 전에는 이자율이나 채권 추심 방법에 대한 제한이 없어 업체에 따라 적정 수준을 넘

한 권으로 끝내는 대부업, 대부중개업 창업 가이드북

는 채권추심이 시행되는 문제점이 발생하기도 했다. 이에 따라 국가적 관리 감독의 필요성과 전문성이 요청되어 법적 감독 체계가 마련되었으며, 일정한 요건을 갖춘 대부업자는 금융위원회에 등록하고 감독을 받고 있다.

2. 대부업자

대부업자는 대부업을 업으로 하는 사람으로, '대부업 등의 등록 및 금융이용자 보호에 관한 법률'에 따라 금융위원회 등에 대부업 등록을 한 자를 말한다. 등록하지 않거나 등록 갱신을 하지 않고 사실상 대부업을 한 미등록 대부업자는 5년 이하의 징역 또는 5,000만 원 이하의 벌금에 처해진다. 대부업자(대부중개업을 겸영하는 대부업자 포함)는 그 상호 중에 '대부'라는 문자를 사용해야 하며(동법 제5조2 제1항), 대부중개업만을 하는 대부중개업자는 그 상호 중에 '대부중개'라는 문자를 사용해야 한다(동법 제5조의2 제2항).

다만 사업자가 그 종업원에게 대부하는 경우, '노동조합 및 노동관계조정법'에 따라 설립된 노동조합이 그 구성원에게 대부업을 영위하는 경우, 국가 또는 지방자치단체가 대부하는 경우, '민법'이나 그 밖의 법률에 따라 설립된 비영리법인이 정관에서 정한 목적의 범위에서 대부하는 경우는 대부업자에서 제외된다(동법 제2조).

3. 이자율의 제한

대부업자가 개인이나 '중소기업기본법' 제2조 제2항에 따른 소기업에 해당하는 법인에 대부하는 경우, 그 이자율은 연 100분의 20(이자율을 월 또는 일 기준으로 적용하는 경우에는 연 100분의 24를 단리로 환산)을 초과할 수 없다(동법 제8조 제1항 및 동법 시행령 제5조 제2항·제3항). 이자율을 산정할 때 사례금, 할인금, 수수료, 공제금, 연체이자, 체당금(替當金) 등 그 명칭이 무엇이든 대부와 관련해 대부업자가 받는 것은 모두 이자로 본다. 다만, 해당 거래의 체결과 변제에 관한 부대비용인 담보권 설정비용, 신용조회비용 등은 이자로 보지 않는다.

법적 제도의 변천

2002년 금전의 대부를 업으로 하는 대부업자를 시·도지사에게 등록하도록 하고, 대부업자가 행하는 3,000만 원 이내 소액대부에 대해 이자율을 제한하는 한편, 대부업자 및 여신금융기관 불법적 채권추심행위를 금지하며, 대부업자와 거래 상대방 사이의 분쟁을 해결하기 위해 분쟁조정위원회를 두는 등 그 거래 상대방을 보호하는 장치를 마련하기 위해 '대부업의 등록 및 금융이용자 보호에 관한 법률(약칭 '대부업법')'이 제정되었다.

대부협회장은 〈아시아경제〉 인터뷰에서 "불법 대부업자와 합법 대부업자를 구분하려면 '대부업'이라는 명칭을 '소비자금융업'으로 바꾸어야 한다. 대부업에 대한 인식 전환 및 등록업체의 차별화를 위해 명칭 변경이 꼭 필요하다"라고 소신 발언을 했다.

합·불법과 업의 명칭이 무슨 관련이 있는지 언뜻 이해하기 힘들었는데, 그는 "'대부업법'을 '소비자금융업법'으로 바꾸어서 합법 대부업자는 '소비자금융회사'로, 불법 업자는 '불법사채업자'로 부르도록 차별화해야 한다"라고 설명했다.

또한 "기존과 달리 소비자금융업이라는 차별화된 명칭을 쓰면 불법 사채업자들은 자연적으로 시장에서 제재될 수 있을 것"이라며, "하루빨리 제도적 개선이 마련되어 금융소비자들의 비해가 없도록 해야 한다"라고 부연 설명했다.

저축은행 영업 정지에 따른 대부업계의 영향을 묻는 말에 "대부업계는 차입금의 약 25%가량 저축은행에서 조달하고 있어 어느 정도 영향을 받을 수밖에 없는 구조"라며 "정확한 집계는 안 되었지만, 7개 저축은행으로부터 빌린 차입금이 일부 확인되는 등 만기 연장이 힘들 것 같다는 이야기도 들린다"라고 말했다.

그러나 대부업체들의 재무구조가 비교적 우량하고, 그동안 차입처를 다변화했기 때문에 심각한 영향은 없을 것이라는 전망이다.

이와 함께 협회장은 "대출모집수수료 지급에 따른 금리 상승 압력을 줄이기 위해 연내 대부협회 내에 대출 수요자와 회원 금융회사를 중개하는 '대출 직거래 장터'를 개설할 것"이라고 소신을 밝혔다.

'대출 직거래 장터'란, 대출 수요자가 대부업체에서 제시한 금리, 만기 금액 등 대출 조건 가운데 가장 유리한 것을 선택하는 '역경매 방식'으로, 대출모집인을 거치지 않기 때문에 최대 5%가량의 금리 인하 효과를 누릴 수 있다.

대부업 등의 등록 및 금융이용자 보호에 관한 법률에서는 특히 대부업자가 대부계약을 체결하는 때에는 거래 상대방에게 대부금액·이자율·변제 기간·변제 방법 등이 기재된 계약서를 교부하도록 하고 (동법 제6조), 대부업을 영위하는 자가 개인 또는 소규모 법인에 대해 금전대부하는 경우 3,000만 원 이내에서 대통령령이 정하는 금액 이하의 대부금액에 대한 이자율은 연 100분의 70의 범위 이내에서 대통령령이 정하는 율을 초과할 수 없도록 했다(동법 제8조).

이 법은 또한 대부업자 또는 여신금융기관이 대부계약에 따른 채권을 추심함에 있어 폭행·협박을 가하는 방법을 사용하지 못하도록 하고, 이를 위반한 자에 대해서는 5년 이하의 징역 또는 5,000만 원 이하 벌금에 처하도록 하는 등(동법 제10조 및 제19조 제1항) 대부업을 이용한 금융 이용자를 보호하기 위한 제도와 내용을 법으로 규정하는 데 초점을 두었다.

부당한 추심행위와 대부이자율의 규제 강화

이후 미등록 대부업체에 의한 불법적인 영업 행태 및 부당한 채권 추심행위의 근절 등 대부업 이용자에 대한 보호를 강화하기 위해 필요한 규제를 강화했다(2005년 동법 일부 개정). 2009년에는 법률의 명칭을 '대부업 등의 등록 및 금융이용자 보호에 관한 법률'로 변경하면서 대부중개에 관한 관리·감독을 강화하기 위해 대부중개업 등록제도를 신설했다.

이 개정 법률에서는 또한 대부업자 등 상호와 광고에 대부업자임을 명확하게 표시하도록 해서 대부업 이용자가 대부업자를 은행 등으로 오인하지 않도록 하며, 대부계약서 작성 시 대부업자는 중요사항을 거래 상대방이 자필로 직접 기재하게 해 불법계약서 작성에 따른 피해를 예방하도록 하고, 대부이자율의 최고한도 제한을 다시 규정했다.

같은 해 관련 법이 개정되어 고리 사채업자 및 불법 대부업자 폭행·협박·체포, 반복적으로 또는 심야에 방문하는 등 금지되는 채권 추심행위의 유형을 구체적으로 명시하고, 이를 위반한 자에 대해서 민사상·행정상 제재를 가하거나, 형사처벌 또는 과태료를 부과함으로써 법적으로 등록된 선량한 대부업자와 불법 대부업자를 구분하고, 과도한 채권추심행위에 대해 행정상의 제재나 형사상 처벌을 가능하게 했다.

2010년에는 '대부업법'을 개정해 대부업자와 여신금융기관이 받을 수 있는 최고이자율을 연 100분의 50으로 하향 조정했으며, 2013년에는 대부업의 등록 제한 요건을 강화했고, 2014년에는 대부업의 이자율 상한을 연 100분의 40으로 하향 조정했다. 2015년에는 개인 신용정보와 피해자 규제를 강화했다.

대부업자의 등록과 감독

2016년에는 대부업의 건전한 발전을 위해 일정 규모 이상의 대부업자와 대부중개업자는 금융위원회에 등록하고 감독을 받도록 했으며, 대부업체를 이용하는 서민들의 과도한 이자 부담을 경감하기 위해 이자율 상한을 연 100분의 27.9로 하향 조정하고 시행령으로 이를 정하도록 했다. '대부업 등의 등록 및 금융이용자 보호에 관한 법률 시행령'에서는 이 법에 근거해 연이자를 100분의 24로 제한했다. 2018년에는 연체가산 이자율을 2018년 2월 8일 이후 법정 최고이자 연 20% 규제하는 법적 근거를 마련했다.

2020년 3월에는 '금융소비자 보호에 관한 법률(약칭 금융소비자보호법)'을 제정해 금융상품판매업자 등의 영업행위 준수사항, 금융교육 지원 및 금융분쟁조정 등 금융소비자 관련 제도를 정비했으며, 이를 바탕으로 금융상품을 속성에 따라 예금성 상품, 대출성 상품, 투자성 상품 및 보장성 상품으로 유형을 분류하고, 금융 관계 법률에 따른 금융회사 등에 대해 영업행위에 따라 금융상품 직접 판매업자, 금융상품판매 대리·중개업자 또는 금융상품자문업자로 업종을 구분했다(동법 제3조 및 제4조).

이 법에 따라 금융소비자가 자신의 연령, 재산 상황 등에 적합한 금융상품 계약을 체결할 수 있도록 보장성 상품의 위험보장범위, 대출성 상품의 금리 및 중도상환수수료 부과 여부 등 금융상품의 중요사항에 대한 설명 의무, 금융상품 등에 관한 광고에 포함시켜야 하는 사항 및 금융상품판매 대리·중개업자의 업무 내용 고지 의무 등 영업행위 준수사항을 금융상품의 유형 및 금융상품판매업자 등의 업종에 따라 마련되었다(동법 제13조~제28조). 이에 따라 대부업자와 금융소비자에 대해서도 이 법에 준해 법적 의무가 시행되도록 했다.

대부업, 대부중개업의
시장 규모 증가의 원인

금융기관과 저축은행업은 개인회생채권(IRL), 신용회복채권(CCRS) 등 부실채권(NPL)을 대부업체에 넘기고 있다. 한편 채권 매입 법인은 개인회생·신용회복채권을 법원 또는 신용회복위원회를 통해 원금 및 이자를 감면받은 채권으로 개인회생 인가 결정 이후 3년 유예 없이(대한민국 법원 대국민 서비스-나의 사건검색으로 확인 가능) 별제권으로 (근)저당권을 실행해 배당으로 정리한다. 하지만 못 받은 대출금 잔액, 즉 대손상각 후 미수이자 및 특수채권에 대해서는 채무조정의 효력이 상실되어 '추심'받을 수 없다는 단점이 있다.

차주 입장에서는 채무가 많아 신용회복위원회 조정에 실패한 '무담보대출'이 더 나은 선택지일 수 있겠지만, 채권추심을 할 수 없는 기능이 없는 경우도 허다하다. 차라리 캠코(한국자산관리공사)가 채권을 관리하도록 정부가 지원하기도 하지만, 금융당국은 발생한 개인

연체채권이 과잉 추심에 노출될 위험을 방지하고, 채무자의 재기를 지원한다는 취지로 지난 2020년 출범한 '개인연체채권 매입펀드'를 2024년 말까지 연장 운영하고 있다.

업계에 따르면, 금융위원회와 관계 기관, 전 금융권이 협약을 맺어 운영하는 '개인연체채권 매입펀드'의 매입 대상은 개인 무담보대출에 한정된다. 법원·신복위 채무조정 절차 진행 중 채권은 제외된다. 소득 부족 또는 비협약채무가 과다해 신복위 채무조정 요건에 미달한 차주들은 해당 프로그램을 통해 캠코에 자기 채권을 매입하도록 할 수 있다.

이들 차주보다 사정이 나아서 법원과 신복위로부터 조정을 받은 차주들의 채권은 재정 상황이 급변해 변제하지 못할 경우, 채권자의 손에 놓인다. 신복위는 "채무조정의 효력이 상실되면 금융회사의 채권추심이 가능해지고, 채무자의 책임은 채무조정 신청 전의 채무 내용대로 환원되므로 변제계획을 성실히 이행해야 한다"라고 규정하고 있다.

개인사업자들도 금융당국의 '우산' 속에 있다. 2024년 2월부터 저축은행의 건전성을 고려해 개인사업자 연체채권을 새출발기금 외 캠코와 유동화전문회사 등 기관에도 매각할 수 있도록 조치했기 때문이다. 이는 개인사업자 차주가 과잉 추심 및 채무조정 기회 상실로 인해 피해를 입지 않도록 하기 위한 목적이다.

하나금융지주 계열사인 하나저축은행은 레드에프앤아이대부, 삼원자산관리대부에 개인회생·신용회복채권을 양도한 것뿐만 아니라 일반채권인 담보채권까지 2023년 말 공경대부라는 업체에 넘겼다. 하나저축은행이 매각한 채무조정채권은 2차 약 56억 원, 3차 약 45억 원, 7차 34억 원의 작지 않은 규모로 매각하고 있다.

저축은행업계가 이렇듯 채권매각에 열을 올리는 것은 크게 악화한 건전성 지표와 무관하지 않다. 국내 저축은행 79개 사의 연체율은 2023년 말 6.55%로 전년 말(3.41%) 대비 3.14%포인트 상승했다. 특히 부동산 프로젝트파이낸싱(PF) 부실까지 떠안고 있는 터라 추가적인 건전성 및 수익성 악화가 우려된다. 이미 2023년 5,559억 원에 달하는 당기순손실을 내면서 9년 만에 적자 전환할 정도로 업황이 나빠졌다.

그 때문에 저축은행업계는 개인회생·신용회복채권을 대부 시장에 쏟아내고 있고, 덕분에 대부업체는 '쏠쏠한 재미'를 보고 있다. 한 대부업체는 "2020년 이후 일반무담보 제한 매매로 인해 채무조정채권은 가장 활발한 시장을 형성하고 있다. 정상채권과 유사한 현금흐름을 보이고 수익성도 높다"라고 말했다.

일반무담보채권은 2020년 이전 가장 활발히 거래되는 채권이었으나 현재는 약정금리+3% 제한금리 이후 채권매매가 제한적으로 이뤄지고 있다. 특히 채무조정채권과 달리 개인회생채권의 경우, 보증

한 권으로 끝내는 대부업, 대부중개업 창업 가이드북

인에 대한 독촉도 가능하다. 정식 대부업체라도 대출이자나 추심 정도가 보통은 넘어서 있다.

반면 캠코로부터 채권을 관리받는 차주들은 대우가 나쁘지 않다. 개인연체채권 매입펀드를 통해 매입한 물량에 대해 최대 1년간 연체가산 이자를 면제하고, 상환요구 등 적극적 추심을 유보하기도 한다. 2023년 해당 펀드를 통해 인수한 채권 중 426억 원어치의 관리를 신용정보사에 위탁했다가 상급기관인 금융위원회로부터 즉시 중단하도록 요청받고 있다. 또 캠코는 매년 금융 취약층의 재기를 지원한다는 취지로 이들의 채권을 소각해주고 있다. 2023년에는 약 6만 8,000명에 대해 1조 7,000억 원 규모의 채권을 소각했다.

한국은행은 금융안정상황 보고서를 통해 "부실채권이 당분간 증가세를 보일 가능성이 있는 점을 고려해 금융기관과 금융당국은 NPL시장이 적절히 기능할 수 있도록 함께 노력할 필요가 있다"라고 전했다.

03

GPL ^{정상채권}, NPL ^{부실채권}과 대부업의 상관관계

GPL(Good Performing Loan, 정상채권-아파트 담보대출)은 담보대출 중 아파트 담보대출로 아파트를 담보로 근저당권 및 전세권설정하고 법정 최고이자 범위 내 연 18%, 연 19%, 연 20%의 약정이자를 정해놓고 매월 이자를 받는 재테크다. 만약, 채무자가 6개월 이상 대출금이자 연체 시 아파트 담보대출 취득한 담보물을 경매로 매각된 후 누군가 경락잔금을 납입하면 배당을 받아 대출원금을 정리하는 방법이다.

GPL의 특징

보통 은행에서 대출을 못 받는 이유는 LTV(담보비율), DTI(부채상환비율), DSR(총부채원리금균등상환비율), 제1금융기관은 40%, 제2금융기관은 50%의 규제가 있기 때문이다. 또한, 1가구 2주택은 대출을 받을 수 없고, 신용점수가 부족한 경우에 대출받을 수 없기 때문에 이자율이 높은 금리로 어쩔 수 없이 대출을 받게 되는 것이다.

반면 GPL은 담보비율 KB시세 65%의 범위 내에서 대출하기 때문에 안전하다. 아파트 담보대출은 재테크의 3원칙, 안전성, 수익성 환금성(유동성) 금융시스템을 모두 갖춘 안전한 재테크라고 할 수 있다.

그 이유는 다음과 같다.

첫째, 2순위 대출인 경우 매월 1순위 대출이 원금+이자 상환 중으로 매월 원금이 상환되고 있어 안전하다.

둘째, 1순위 대출은 약정금리+3% 제한규제로 금융위원회가 모든 금융기관에 적용해서 연 17% 연체이자를 받아가지 못하고 약정이자+3%를 받아가기 때문에 안전하며, 채무자들은 직장을 다니는 직장인이기에 차후 잔존이 발생한다고 하더라고 급여 압류가 가능하다.

셋째, 아파트 담보대출이기 때문에 매각가율이 85% 이상이라고 하더라도 담보비율 65% 대출 지원으로 다른 부동산보다 비교적 안전하다고 할 수 있다.

넷째, 서울 수도권 아파트 담보비율(LTV 65%)만 대출 지원된다.

시중은행과 제2금융기관은 아파트 담보비율 70%, 사업자 대출담보비율 80%, 생애최초주택구입자 80%까지 자금 지원을 하고 있다. 즉, 일반 시중은행보다 더 낮은 담보대출을 해주기 때문에 더욱 안전하다는 것이다.

게다가 수익성(연 20% 법정 최고이자 수입 가능), 환금성은 유동성이라고도 하는데, 연체 시 다른 사람에게 채권양도 후 원금을 돌려받을 수 있어서 안전할 뿐만 아니라 부동산 시장의 건전한 발전을 촉진할 수 있다. 채무자의 이자 납입 능력, 금융거래 내역서로 여타 재산이 있는지, 당해세 체납 여부와 전입세대열람확인서로 다른 전입자가 없는지 등 채무자의 자격요건을 충분히 고려한 대출상품을 선택하는 것이 중요하다.

필자가 투자한 GPL 투자 물건과 수익률(79.83%-유동화순환 투자-질권대출)이다. GPL은 은행이나 제2금융기관에서 채무자의 LTV, DTI, DSR, 신용등급과 소득 등을 살펴보며 대출해주고 있다. 정부의 아파트 규제정책의 일환으로 대출받기 쉽지 않은 틈새시장에서 GPL 투자 상품은 필자가 최초로 개발한 숨은 재테크 상품이다. 투자 물건 제공과 분석, 물건을 만드는 방법에 대해서는 필자의 아카데미에서 수업을 진행하고 있다.

필자가 대출한 금액은 995,000,000원(대출약정 연 18~22%)이다. 이 중 유동화순환 투자(근저당권부 질권대출은 신협에서 656,000,000원, 연 5.5%로 질권대출 받았다. 995,000,000원의 1년 수입이자는 218,900,000원이고, 질권대출 1년 지급이자는 36,080,000원으로, 수입이자-지급이자는 182,820,000원/229,000,000원(현금 투자)=79.83%(수익률)를 얻고 있다.

GPL 투자 물건 담보내역

(단위 : 1,000원)

채무자	대출일 상환일	대출금 연 22%	질권대출 연 5.5%	현금 투자	물건지
김○주	2020.06.29. 2021.06.29.	580,000	522,000	58,000	인천연수구 송도동 16-1 더샵엑스포 제902동 230*호 아파트 126.47㎡
김○희	2020.06.26. 2021.06.26.	160,000	134,000	26,000	안산시 단원구 선부동 1078 1201동 10*호 아파트 44.94㎡
전○애	2020.06.19. 2021.06.19	225,000		225,000	남양주시 호평동 724 호평 파라곤 2동 제4.5층 30*호 아파트 210.98㎡
유○환	2020.08.19. 2021.08.19	30,000		30,000	부산시 동래구 사직동 1078 사직쌍용예가 제104동 220*호 아파트 59.93㎡
소개	4건	995,000	656,000	339,000	

〈GPL 투자 수익률 분석〉

총대출금 995,000,000원, 연 22%
질권대출 656,000,000원, 연 5.5%(근저당권부질권 대출-부기등기)
　　　　즉, 995,000,000원 근저당권 설정 담보 ○○신협에서 90% 질권대출
현금 투자 339,000,000원

GPL은 아파트 소유자(채무자) 담보를 근저당권 설정으로 자금을 융통해준다.

대출금 수입이자 995,000,000×22% = 218,900,000원 (1)
대출금 지급이자 656,000,000×5.5% = 36,080,000원 (2)
순수입이자 (1)-(2)=182,820,000원/229,000,000원=79.83%(수익률)

GPL 투자 월이자 15,235,000원,
현금 투자 339,000,000원 은행에 맡기면 연 1.5%일 때,
연이자 5,085,000원(세전), 월이자 423,750원(세후)

〈GPL 투자를 하는 방법〉

1. 대부사업자 지자체 등록 후 근저당권 설정(근저당권자) GPL 투자

- 한국대부금융협회(www.clfa.or.kr) 홈페이지 로그인
- 온라인 교육 8시간 대부 교육+중개 교육 3시간, 11시간 온라인 교육 후 8시간 오프라인 집합 교육
- 수료증, 금융기관잔액증명서 5,000만 원 발급 후, 대부 이름 선정 → 법무사 신청(법인+사업자)

2. 위촉계약서 작성으로 GPL 투자

- 위촉계약서 작성(갑 대부업체, 을 투자자) 투자자는 대부업체 직원으로 계약 투자하게 됨
- 위촉계약서 작성 GPL 투자 수입 이자(세금 3.3% 사업소득세) → 투자자는 모집인 형태로 투자
- GPL 투자자 세금 5월 확정신고 사업소득세 국세청 홈택스 확정 또는 세무서 방문 확정 신청(기본경비 공제 후 세율 구간에 따라 세금, 3.3% 사업소득세 기납입금 환급 또는 추가 세금 납입)
- 4,800만 원 사업소득세 정도가 적정(GPL 투자 적정금 2억 5,000만 원+19% = 47,500,000원)

3. 차입약정서 작성으로 GPL 투자

- 차입약정서 작성 연 14%(연 19% GPL 투자일 때)~연 15%(연 22% GPL 투자일 때) 매월 이자 수납
- 차입약정서에 의한 투자자 세금 종합소득세 세율 구간에 홈택스 또는 세무서 방문 확정 신청(세금 납입 수입이자 27.5%, 15.4%, 3.3% 소득세 기납입금 환급 또는 추가 세금 납입)
- 4,800만 원 사업소득세 정도가 적정(GPL 투자 적정금 3,400만 원+14% =47,600,000원)

4. 계약 양도 및 근저당권 변경 투자(수수료 없음)

- GPL 투자자가 투자금 원금을 회수하고자 할 때(계약 양도 및 근저당권 변경 등기로 투자)
- 수수료 없이 투자, 근저당권 이전 비용 설정금액(채권최고액 0.6%) 비용 양수인
- 계약 양수 투자자 → 계약양도 및 근저당권 변경 통지서 발송(통지 의무)
- 채무자 방문 면담 상환 능력 확인 → 부동산 급매로 매매 → 3개월 후 부동산 임의경매 신청

NPL의 사전적 정의

부실채권(NPL, Non Performing Loan)은 채무자가 이자 납입을 하지 못한 대출금 연체채권으로, 3~5개월 이상 연체된 고정등급 이하의 여신(무수익 여신)을 일컫는 말이다. 금융기관은 채무자에게 장기간 상환받지 못할 것이라고 예상되면 NPL(부실채권)을 시장에 내놓게 된다. 은행마다 정해진 손실 비율인 대손충당금이 설정되어 있어 부동산 임의경매로 배당받게 된다면 회계연도를 넘어가므로 연체금액 증가로 BIS(자기자본비율)이 낮아진다. 그러면 유동성비율 문제가 발생해 뱅크런(다량 예금인출사태) 사태가 발생할 수도 있다. 결국 충당금 환입으로 잉여금(당기순이익)을 많이 얻기 위해 경매 종료 후 배당받을 수 있는 채권임에도 부실채권을 매각한다.

부실채권은 금융기관의 대출금 가운데 미확정채권으로 회수가 확정되지 않은 불확실한 대출금이다. 즉, 금융기관의 대출금은 정상·요주의·고정·회수의문·추정손실 등 5단계로 자산건전성 분류되는데, 부실채권은 정상을 제외한 나머지 4개를 포함한 것이다.

정상은 이자 납입과 원금 상환이 정상적으로 이뤄지고 있는 경우이며, 금융기관 이자는 잘 납입하지만 (가)압류되어 있는 경우, 주의가 필요한 대출금으로, 짧은 기간(1개월 이상 3개월 미만) 연체되는 경우다.

경매개시결정된 채권을 NPL(부실채권)로 채권양수도계약을 해서 매입할 수 있다. 즉, 대출금 연체가 3~6개월 미만 연체 대출채권은 고정은 3개월 이상 연체되는 것으로 손해를 입을 가능성은 있지만, 대출금 담보가액으로 상쇄할 수 있는 경우다. 대출금 연체가 6개월 이상인 경우 회수 의문, 피해 정도를 정확히 알 수 없지만, 담보가 부족할 것으로 예상되는 경우다. 추정손실은 피해 정도의 추정이 가능

경매 절차 개요

채권자	경매 신청서 작성	부동산 감정가의 1~2%
	경매 비용 예납	경매 신청 후 약 3일
	경매 접수	압류의 효력 발생
경매 신청	경매 개시결정	경매 신청등기촉탁
	배당요구종기결정 공고	경매 개시결정송달
통상 2~3개월	경매 준비	경매 개시결정에 대한 이의 신청
	신문/인터넷 공고	부동산 현황조사
매각기일	경매 개시	최저매각가격 결정
	입찰	공과주무관청에 대한 최고
	최고가매수신고인 결정	매각기일과 매각결정기일 지정 공고
통상 7일	보증금 반환	차순위 매수신고
매각결정기일		입찰 탈락자 즉시 반환
통상 7일	매각 허부 결정	
	즉시항고, 재항고	
대금 납부		
	소유권이전등기촉탁	배당표 작성, 실시
통상 1~6개월	배당	미배당액 공탁
	인도명령, 명도소송	배당이의 신청
		배당액 공탁
종료		배당이의의 소

하지만 이에 비해 담보가 턱없이 부족한 경우로 받을 가능성이 전혀 없는 여신이다.

NPL의 수익 방법은 경매개시 결정된 부동산을 채권으로 매입해 누군가 낙찰받고 잔금을 치르면, 은행이자 받아가야 할 채권에 대한 원금과 이자를 채권 매입법인이 대신 이자를 수령하거나 입찰참가 조건부 사후정산 방식으로 낙찰받아 직영이나 시세차익을 얻는 방법이다.

NPL은 5개월 이상 연체되어 금융기관에서 법원에 부동산 임의경매 신청 후 경매 개시결정된 채권을 금감원 등록법인에 매각하는 채권이다. 그러나 제1금융기관 국책은행은 채권최고액 설정금액을 과거 120%에서 110%로 설정해 수익이 10%이며, 게다가 약정금리 +3% 제한가산금리로 약정금리에 3% 추가 이익을 받지 못하기 때문에 큰 재미가 없어졌다. 또한 이자제한법으로 법정 최고금리 연 20% 인하로 론세일(채권양수도계약) 배당수익은 그리 높지 않다.

NPL 투자는 금감원 등록 대부법인 자기자본 5억 원이 있어야 하지만, 신탁수익권증서인 경우 수의계약으로 원금의 30~40% 할인 소유권을 이전받아 재매각 시세차익을 얻을 수 있는 장점이 있다.

부동산 NPL 투자는 잘못 이해하고 접근할 경우 원금 손실은 물론, 배당받을 때까지 법적인 분쟁이 있기도 하므로 제대로 배워야 한다.

올바른 방법으로 원금의 연 20% 이하를 매입한다면 수익을 가져올 수 있다. 특히, 고임금과 전기세, 수도세 상승 등으로 경제적 어려움을 겪고 있는 기업이나 개인으로부터 부동산을 인수해 이를 재개발·재건축 리모델링해 재매각할 경우 큰 이익을 얻을 수 있다.

다음 배당표는 필자의 수강생이 투자한 물건으로, 감정가액 1,318,000,000원, 대출금 707,500,000원, 채권최고액 876,000,000원인 대출금을 NPL로 인수해 NPL질권대출 90% 대출을 받고, 나머지 10%는 제2질권대출로 투자금 없이 수익(당기순이익 94,563,000

감정가 1,318,000,000원, 대출금액 707,500,000원, 채권최고액 876,000,000원
낙찰가 1,054,736,232원, NPL 매입 705,000,000원, 당기순이익 94,563,000원(455일)
이전비 4,380,000원(0.5%) 무피 투자, NPL 질권대출 + 질권설정투자(연 13%)

채권자	더화인글로벌대부 주식회사	주식회사 전국엔피엘자 산대부(양토친 인권수산 위험공동조합)	양칭례
채권금액 원금	116,000,000	0	143,150,340
이자	21,452,055	185,646,343	0
비용			0
계	137,452,055	185,646,343	143,150,340
배당순위	3	4	5
이유	근저당권부질권자 (제242036호)	신청채권자(근저당권 제402702호, 228301호)	근저당권자(제448594호)
채권최고액	137,452,055	102,447,031	180,000,000
배당액	137,452,055	102,447,031	143,150,340
잔여액	270,613,254	168,166,223	25,015,883
배당비율	100 %	100 %	100 %
공탁번호 (공탁일)	(금제 . 호)	(금제 . 호)	(금제 . 호)

채권자	국민건강보험공단 무위욕부지사	최순옥	
채권금액 원금	72,190	320,000,000	0
이자	0	0	0
비용	0	0	0
계	72,190	320,000,000	0
배당순위	6	7	
이유	교부권자(공과금)	가압류권자(인화지방법원 2020카단105831)	
채권최고액	0	320,000,000	0
배당액	72,190	24,943,693	0
잔여액	24,943,693		0
배당비율	100 %	7.79 %	
공탁번호 (공탁일)	(금제 . 호)	(금제 . 호)	(금제 . 호)

2022. 7. 28.

사법보좌관   이동갑

2-2

원)을 얻은 사례다.

　성공적인 부동산 NPL 투자 사례를 통해, 일반인도 이 분야에 효과적으로 접근할 수 있는 방법을 알아보자.

NPL 자기자본 10억 원 법인이 부동산 NPL시장에 진입한 사례다. 이 수익의 성공 사례자는 NPL 채권을 매입하기 전에 인근 부동산 중개사무소에 찾아가 5억 원 아파트 내 상가를 4억 원에 매입할 수 있는지 확인했다. 그 뒤 유동화전문사 또는 NPL 법인통장 입찰금 10%를 받아놓고, 은행에 채권을 3억 원에 매입해 4억 원에 낙찰받을 부동산이나 부동산 지인을 맞춰놓았다. 채권 매입 후, 입찰 당일 법원 경매에 입찰시켜 배당과 시세차익의 이중 구조로 레버리지 효과를 얻었다. 할인된 가격에 채권을 매입하고, 부동산 가치에 맞게 하락한 부동산 NPL을 저렴한 가격에 구입해 수익을 얻었다.

이러한 투자는 초기에 큰 리스크 없이 채권자가 입찰자를 찾아놓고, 법원에 함께 참여해서 부동산 시장의 회복을 예측해 채권 매입 후 직접 낙찰받는 방식이다. 현대적인 부실채권 매입과 수입이 가능한 투자 전략 방식을 사용해 수익을 얻고 있다.

04 금융업의 변화와 이자율 규제 제도

이자제한법의 개요

> **이자제한법**
>
> **제1조(목적)** 이 법은 이자의 적정한 최고한도를 정함으로써 국민 경제생활의 안정과 경제정의의 실현을 목적으로 한다.
>
> **제7조(적용 범위)** 다른 법률에 따라 인가·허가·등록을 마친 금융업 및 대부업과 '대부업 등의 등록 및 금융이용자 보호에 관한 법률' 제9조의4에 따른 미등록 대부업자에 대해서는 이 법을 적용하지 아니한다.

민법의 특별법으로 이자의 최고한도를 규정한 법률이다. 1962년에 제정되어 1997년 외환위기 여파로 1998년 1월 13일에 폐지되었다가, 2007년 3월 29일에 다시 제정해, 6월 30일부터 시행 중이다. 다만, 대부업자(미등록 대부업자 포함)나 여신금융기관의 이자율 제한은 '대부업 등의 등록 및 금융이용자 보호에 관한 법률(약칭 대부업

법)'이 따로 규정하고 있다. 2021년 7월 7일에 시행된 현행 이자제
한법 시행령과 대부업법 시행령은 최고이자율을 똑같이 20%로 규
정하고 있다.

이자제한법은 고리대의 제한이 고대부터 존재해왔고, 현대적 법제
에 한해서 본다고 해도 일본의 이자제한법이 1954년에 제정되었으
므로 한국을 앞선다(심지어 한국의 구 이자제한법 내용은 일본의 이자제
한법 내용을 거의 그대로 베껴온 것이다). 다만 한국의 이자제한법 제정
이 상당히 빨랐던 것은 사실이며, 호주, 뉴질랜드에서는 1960년대 후
반에, 프랑스 등을 비롯한 유럽에서는 1970년대 중반에서야 현대적
인 입법이 이뤄졌고, 미국에서는 1980년대에 들어서야 도입되었다.

간주이자

예금(禮金), 할인금, 수수료, 공제금, 체당금(替當金), 그 밖의 명칭
에도 불구하고 금전의 대차와 관련해 채권자가 받은 것은 이를 이자
로 본다(이자제한법 제4조 제1항). 채무자가 금전대차와 관련해 금전
지급 의무를 부담하기로 약정하는 경우, 의무 발생의 원인 및 근거법
령, 의무의 내용, 거래상 일반원칙 등에 비추어 그 의무가 원래 채권
자가 부담해야 할 성질인 때에는 이를 이자로 본다(같은 조 제2항). 다
만, 산업통상자원에서 의료연구개발지원기관 및 의료연구개발기관
이 첨단의료복합단지에서 수행하는 의료연구개발에 대해 산업기반
자금을 융자받아 해당 사업에 성공해 수익금의 일부를 상환하는 경

우에, 상환하는 금액 중 원리금 상당 금액을 제외한 부분은 이와 같은 간주이자로 보지 아니한다(첨단의료복합단지 지정 및 지원에 관한 특별법 제13조 제2항 후문).

이자의 최고한도

이자제한법

제2조(이자의 최고한도)
① 금전대차에 관한 계약상의 최고이자율은 연 25%를 초과하지 아니하는 범위 안에서 대통령령으로 정한다.
※이자제한법 제2조 제1항의 최고이자율에 관한 규정
'이자제한법' 제2조 제1항에 따른 금전대차에 관한 계약상의 최고이자율은 연 20%로 한다.

이처럼 법률과 대통령령으로 이중으로 규정한 취지는 입법부가 정한 법률의 한도 내에서 그때그때 경제 상황에 맞춰 행정부가 유연하게 대처하도록 한 것이다. 참고로, 대부업법도 이자제한법과 마찬가지로 법률과 대통령령으로 이중으로 규정하는데, 법률에서는 연 25% 이하, 시행령에서는 20%로 규정하고 있다.

연도별 최고이자율 변천 과정은 다음 표와 같다.

　　　　　　　　한 권으로 끝내는 대부업, 대부중개업 창업 가이드북

적용 시점	최고이자율
1962년 01월 15일~1965년 09월 23일	연 66%
1965년 09월 24일~1972년 08월 02일	연 36.5%
1972년 08월 03일~1980년 01월 11일	연 25%
1980년 01월 12일~1983년 12월 15일	연 40%
1983년 12월 16일~1997년 12월 21일	연 25%
1997년 12월 22일~1998년 01월 12일	연 40%
1998년 01월 13일~2007년 06월 29일	폐지(제한 없음)
2007년 06월 30일~2014년 07월 14일	연 30%
2014년 07월 15일~2018년 02월 07일	연 25%
2018년 02월 08일~2021년 07월 06일	연 24%
2021년 07월 07일~2024년 현재	연 20%

이 최고이자율은 약정한 때의 이자율을 말하므로(이자제한법 제2조 제2항), 여기서 '적용 시점'이란, '최초로 계약을 체결하거나 갱신한 시점'을 말한다. 다만, 대차원금이 10만 원 미만인 대차의 이자에 관해서는 이러한 최고이자율을 적용하지 아니한다(같은 조 제5항).

초과이자의 효과

1. 민사상 효과

이자제한법

제2조(이자의 최고한도)

③ 계약상의 이자로서 제1항에서 정한 최고이자율을 초과하는 부분은 무효로 한다.

④ 채무자가 최고이자율을 초과하는 이자를 임의로 지급한 경우에는 초과 지급된 이자 상당 금액은 원본에 충당되고, 원본이 소멸한 때에는 그 반환을 청구할 수 있다.

제3조(이자의 사전공제) 선이자를 사전공제한 경우에는 그 공제액이 채무자가 실제 수령한 금액을 원본으로 하여 제2조 제1항에서 정한 최고이자율에 따라 계산한 금액을 초과하는 때에는 그 초과 부분은 원본에 충당한 것으로 본다.

제5조(복리약정제한) 이자에 대하여 다시 이자를 지급하기로 하는 복리약정은 제2조 제1항에서 정한 최고이자율을 초과하는 부분에 해당하는 금액에 대하여는 무효로 한다.

※ 초과된 이자가 있다고 하더라도 금전소비대차계약이 완전 무효가 되는 것은 아니고, 초과된 이자에 한해 원본에 충당되는 효과가 있다. 만약 원본을 모두 갚았다면 초과 지급된 이자에 대해 반환을 청구할 수 있다.

예를 들어, 2023년 1월 A(대부업자)가 B(채무자)에게 700만 원을 빌려주면서, 변제기 3년, 연 이자율을 30%로 하고 1년마다 이자를 지급하도록 하는 계약을 맺었다고 해보자. 2023년 기준 최고이자율은 연 20%이므로, 초과된 10% 부분에 대해서는 이자가 인정되지 않는다.

따라서 1년 뒤인 2024년 1월에 B가 A에게 이자인 210만 원을 납부했다면, 20%인 140만 원까지만 이자로 인정되고 나머지 70만 원에 대해서는 원본에서 삭감되어 630만 원이 원금이 된다.

선이자에 대해서는 실제 수령한 금액을 원본으로 보고 초과 이자율 제한법리를 적용한다. 앞의 예시에서 A(대부업자)가 B(채무자)에게 1,000만 원을 빌려준다고 해놓고 선이자 명목으로 30%인 300만 원을 가져갔다고 해보자. 이렇게 선이자를 떼가는 경우, 실제 수령한 금액인 700만 원을 원본으로 보고 초과 이자를 계산한다. 2024년 1월에 똑같이 B가 A에게 이자로 210만 원을 납부한다면 원금은 1,300만 원(원금 1,000만 원+이자채권 300만 원)이지만, 700만 원을 원본으로 보고 계산한 840만 원(원금 700만 원+초과 이자율 20%의 140만 원)까지만 원금으로 인정된다.

따라서 140만 원만 납부하면 되고, 이를 초과한 70만 원 원본에 충당되어 B는 앞의 예시와 똑같이 630만 원만 갚으면 된다. 이자제한법에서는 선이자로 인한 폐단을 막기 위해 이러한 법리를 적용했다.

2. 형사상 효과

이자제한법
제8조(벌칙)
① 제2조 제1항에서 정한 최고이자율을 초과하여 이자를 받은 자는 1년 이하의 징역 또는 1천만 원 이하의 벌금에 처한다.
② 제1항의 징역형과 벌금형은 병과(倂科)할 수 있다.

(Prosper), 렌딩클럽(Lending Club) 등이 유명하다. 대출이자율은 이베이와 같은 입찰 방식으로 결정된다. 대출자의 위험부담은 투자자 숫자만큼 분산되므로 이율과 리스크의 정도는 서로 상쇄되는 양상을 보인다. 대출 신청자들은 투자자들을 설득하기 위한 다양한 논거와 자료를 제시하고, 투자자들은 대출 신청자가 올린 정보와 신용정보를 열람하고 자신의 돈이 투자될 대출 신청자와 금액을 정한다. 크라우드펀딩업체는 이 거래를 중개하면서 양쪽에서 수수료를 받는다.

투자자는 저금리 시대의 은행 예금 이자율보다 높은 이자를 받을 수 있고, 대출자는 기존 금융기관의 높은 대출이자보다 낮은 이율로 대출을 받아 기존 금융기관의 대출금을 상환할 수 있다는 장점이 있다. 단, 대출 신청자는 자신의 개인정보와 신용정보가 다수의 투자자들에게 공개된다는 부담을 감수해야 한다.

P2P 대출은 미국과 유럽에서 급성장을 보이고 있으며, 전체 크라우드펀딩 시장의 약 40% 이상을 차지한다. 미국과 유럽의 P2P 대출 평균 금리는 10~15% 수준이다. 미국에서는 이 대출 서비스에 대한 법제화를 통해 정부의 제도적 관리와 감시가 가능하도록 하면서 시장이 급속히 확대되고 있다.

그렇다고 하더라도, 거래의 투명성이나 대출자의 신용도에 대한 위험이 완전히 사라지기는 어렵기 때문에, 조파의 경우는 신용평가기관의 신용정보를 이용하기도 한다. 한국에서 P2P 대출형 크라우드펀딩업체는 대부중개업체로 등록해야 한다. 국내의 대표적인 업체로는 머니옥션, 8퍼센트, 렌딧, 테라펀딩, 빌리, 펀다, 어니스트 펀드, 팝펀딩 등이 있다.

2015년 7월, 국내에서는 '자본시장과 금융 투자업에 관한 법률 개정안(크라우드펀딩법)'이 통과되었다. 그러나 이 법안에 P2P 대출은 포함되지 못했고, 여전히 대부업으로 분류되고 있다. 본래 크라우드펀딩에 기반을 둔 서비스이기에, P2P 대출업계에서는 대부업법의 규제를 적용받는 것은 불합리하다고 밝히고 있다.

등록업태별 등록 현황

(단위 : 개, %)

구분		2022년 6월 말	2022년 말	2023년 6월 말(A)	2023년 말(B)	증감 (B-A)	증감률
대부업		5,636	5,582	5,545	5,380	△165	△3.0
	채권매입추심업	848	876	856	856	–	–
대부중개업		1,218	1,195	1,129	1,042	△87	△7.7
대부 및 중개겸업		1,909	2,037	2,094	2,172	78	3.7
P2P연계대부업		12	4	3	3	–	–
합계		8,775	8,818	8,771	8,597	△174	△2.0

시면 가난을 대물림하지 않고 부자가 될 수 있습니다. 저는 딸이 둘 있는데, 제 딸들에게 제 강의를 듣게 해서 대부업을 이해시키고 대부사업과 중개사업을 상속시키려 하고 있습니다. 필자는 15억 원 정도 15건의 아파트를 담보 잡고 대부업을 하고 있는데, 월 대출금이자가 23,500,000원 정도 입금되고 있습니다. 여러분도 오늘부터 제대로 알아보고 시작해도 늦지 않았습니다."

2002년 10월 법정 최고금리는 연 66%였다. 일반인들은 사채나 불법으로 생각하고 있을 때다. 2014년 4월 법정 최고금리는 34.9%였다. 이때도 대부업을 부정적으로 여기고 피했던 시절이었다. 독자 여러분께서 만약 이 시기에 여유자금으로, 또는 저금리 대출을 받아 대부업만 했어도 직장 급여의 20~30%는 대출금 이자로 자산을 불릴 수 있었다.

현재 법정 최고이자는 연 20%다. 지금도 늦지 않았다. 필자도 이 대부업과 대부중개업을 자녀에게 상속시켜주려고 딸에게 대부교육과 필자의 강의를 틈만 나면 듣게 하고, 투자자 단톡방에서 진행되는 흐름을 배우게 하고 있다. 앞으로 대부업의 미래와 대부중개업은 무자본, 무점포, 무경험으로 가능한 사업이다.

10년 전 나는 무엇을 하고 있었는가? 10년 후 나는 현재보다 훨씬 더 나은 모습으로 변화되어 있을까? 무엇을 해야 지금보다 더 나은 삶으로 나와 내 가족과 사회를 변화시킬 수 있을까? 필자는 대부업과 대부중개업으로 충분히 가능하다고 생각한다. 지금도 늦지 않았다. 진지하게 판단하고 고민해봐야 할 때다.

전문가로부터 제대로 배우고 원금 손실을 막는 방법을 찾아야 한다. 그러기 위해서는 '누구에게 배워야 할 것인가?'도 하나의 숙제다. 그 숙제 해결의 한 가지 방법으로 GPL의 창시자 이상준 박사에게 묻고 상담해서 진지하게 도전하기를 권하고 싶다.

01 대부업, 대부중개업 등록

먼저 대부업과 대부중개업의 가장 큰 차이점은 대출의 직접 실행 여부에 있다. 중개업으로 대부업자에 물건을 소개해 법정 수수료를 받을지, 아니면 직접 대부운영을 할지 선택하면 된다.

대부업자는 자체 자금을 이용해 고객에게 직접 대출을 제공하기도 하지만, 다른 사람의 자금을 차입해 일정한 약정을 하고 매월 이자를 수령하면 된다. 반면, 대부중개업체는 자체 자금을 이용해 대출을 실행하지 않고, 대출을 필요로 하는 고객과 대부업체를 중개하는 역할을 하며, 대부업체로부터 중개 수수료를 받아 수익을 창출한다. 또한, 대부업의 경우 최소 자본 요건을 갖추어야 하나(개인 1,000만 원, 법인 5,000만 원, 금감원등록법인 5억 원), 대부중개업의 경우 자본금 요건은 없다.

2. 교육 이수

대표자와 업무총괄인은 한국대부금융협회에서 주관하는 교육을 이수해야 한다. 교육 이수증은 6개월 이내여야 한다.

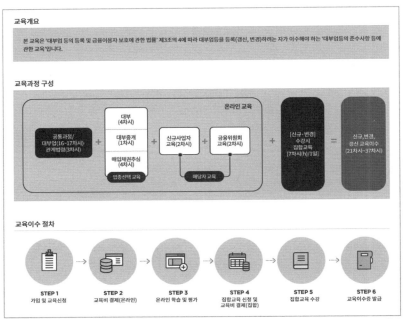

교육개요

본 교육은 '대부업 등의 등록 및 금융이용자 보호에 관한 법률' 제3조의 4에 따라 대부업등을 등록(갱신, 변경)하려는 자가 이수해야 하는 '대부업등의 준수사항 등에 관한 교육'입니다.

교육과정 구성

온라인 교육

| 공통과정/ 대부업(16~17차시) 관계법령(3차시) | + | 대부 (4차시) 대부중개 (1차시) 매입채권추심 (4차시) | + | 신규사업자 교육(2차시) | + | 금융위원회 교육(2차시) | + | [신규·변경] 수강시 집합교육 [7차시(h)/1일] | = | 신규,변경, 갱신 교육이수 (21차시~37차시) |

업종선택 교육 / 해당자 교육

교육이수 절차

STEP 1 가입 및 교육신청 → STEP 2 교육비 결제(온라인) → STEP 3 온라인 학습 및 평가 → STEP 4 집합교육 신청 및 교육비 결제(집합) → STEP 5 집합교육 수강 → STEP 6 교육이수증 발급

출처 : 대한대부협회

고정사업장 요건

건축물대장 단독주택이나 공동주택, 숙박시설이 아니어야 한다. 일반적인 사무실 건물을 임차계약하면 된다. 안정적인 사업 영위를 위한 사무실 구비 여부를 확인하기 때문이다. 대표자·법인이 직접 보유한 경우 등기부등본을 제출하고, 임차인일 경우 신청일 기준 잔여

임대차계약 기간이 6개월 이상이어야 한다. 전대의 경우 전대차계약서도 가능하나, 원래 임대차계약서와 원임대인의 전대차동의서도 함께 첨부해야만 인정된다.

대표자 및 임원 요건

대표자, 임원 및 업무총괄 사용인이 결격사유가 없이 자격에 적합해야 한다. 결격사유는 집행유예 이상의 전과나 대부업법 및 채권추심과 관련된 법규 위반으로 인한 벌금 이력을 의미한다. 또한 임원인 경우, 추가로 대부업 자진 폐업 후 1년, 등록취소 처분이라면 6년이 지나야 한다.

대부업, 대부중개업 이름 상호 사용 방법

상호 중에 '대부'라는 명칭이 들어가야 한다. 대부중개업만을 하는 경우에는 '대부중개'라는 문자를 사용해야 한다.

대부업, 대부중개업 등록 시 구비 서류

* 영업소 관할 시·도지사에게 대부업 등록 신청서 및 구비 서류를 제출하고, 시·도지사는 신청인의 결격요건에 해당되지 않을 경우 대부업 등록증을 교부(처리 기간 14일)

· 대부(중개)업 등록 신청서
· 교육이수증 사본 : 대표자 및 업무총괄 사용인 모두 이수

- 영업소 소재지 증명 서류 : 등기부등본, 임대차계약서 등
- 가족관계등록부 기본증명서(대표자, 업무총괄사용인, 임원) : 주민 등록번호 뒷자리까지 확인할 수 있어야 함.
- 법인등기부등본(법인의 경우)
- 인감증명서 및 인감도장 : 법인이면 법인, 개인이면 대표자의 인 감 및 인감증명서가 필요함.
- 자기자본 증명 서류(대부중개업은 필요 없음)
- 보증금 예탁, 보험 또는 공제 가입 증명 서류
- 한국대부금융협회 가입 증명 서류
- 자기자본(법인) 또는 순자산액(개인) 입증 서류 : 등록요건상 자 본요건을 확인하기 위한 서류
- 수수료 : 영업소당 10만 원 부과. 대부업과 대부중개업을 같이 신 청하는 경우, 각각 10만 원씩 20만 원 부과됨.
  * 참고 : 2개 이상 시·도에 영업소를 설치하려는 경우, 금감위 등록 대상이다. 금감 위 등록 시 3억 원(대부채권 매입추심업 포함 시 5억 원) 이상의 자본금이 필요하다.

대부업 및 대부중개업 요청 서류는 등록 기관(각 지자체, 금감원)에 따라 조금씩 상이할 수 있다. 보통 추가로 제출하는 요구하는 서류는 다음과 같은 것들이 있다.

- 위임장 : 대리인이 신청하는 경우 신분증 사본과 함께 위임장을 반드시 제출해야 한다.
- 사무실 배치도 및 사진

· 영업소 전화번호 통신사 가입사실확인서
· 기타 지자체와 등록기관에 따른 요구 서류

지금까지 대부업 및 대부중개업의 등록 요건에 대해 알아보았다. 다음 장에서는 대출의 종류에 대해 알아보자.

03 대출의 종류

대부분의 사람들이 살면서 한 번 이상은 받게 되는 것이 대출이다. 학비의 부담을 덜기 위한 학자금 대출, 결혼하는 데 부족한 자금을 위해 빌리는 신용대출, 집을 살 때 모자란 금액을 빌리기 위한 주택담보대출 등 살아가면서 돈을 빌려서 써야 할 일들이 참 많다.

은행대출을 이용하고자 하시는 분들을 위해 최소한 상담을 받으러 갔다가 헛걸음은 하지 않도록 대출 서류에 관한 기본적인 사항들을 다뤄보겠다. 특정 은행의 규정이나 상품에 관해 이야기하기보다는 모든 은행에서 적용될 수 있는 공통적인 부분을 넓은 범위에서 다루므로 '은행에서 취급하는 대출은 이런 상품들이 있고, 어떤 대출 서류를 챙겨가야 하며, 이런 구조로 되어 있구나!'라고 이해하는 정도로 봐주면 좋겠다.

은행대출의 종류

은행대출은 기준에 따라 다양하게 나눌 수 있지만, 가장 포괄적으로 신용대출과 담보대출의 2가지로 나뉜다.

1. 신용대출 개념, 금리, 한도

신용대출은 말 그대로 개인의 신용을 보고 돈을 빌려주는 대출이다. 신용카드 사용이나 각종 요금 납부 내역 등에 의해 결정되는 개인의 신용등급과 소득 유무, 재직 혹은 사업 영위 유무를 가지고 종합적으로 판단해 돈을 빌려주는 대출 형태다.

통상적으로 돈을 얼마를 빌릴 수 있는지에 대한 대출 한도는 본인의 연소득에 기반해 결정된다. 신용도나 상품에 따라 다르겠지만, 보통 신용대출은 본인 소득의 70~200% 이내로 한도가 결정되고, 대출 금리 같은 경우에는 본인의 신용도와 은행 거래 내역(상품 가입 내역, 급여 이체 유무, 해당 은행의 카드 사용 여부 등)에 따라 산출되는데, 통상 1금융인 시중은행에서는 4~10%(기준금리 변동에 따라 상이)로 금리가 결정된다.

신용대출이라는 이름에서도 알 수 있듯이, 개인의 '신용'이 어느 정도인가가 대출 금리에 큰 영향을 미친다. 평소 현금서비스나 카드론 등을 자주 사용했다면 연체 유무와 상관없이 신용등급이 좋지는 않을 것이다. 다시 말해, 신용대출의 한도를 정하는 것은 본인의 '소득'

이고, 금리를 결정하는 것은 본인의 '신용도' 및 '은행 거래 실적'이다.

2. 담보대출 개념, 금리, 한도

담보대출은 은행에서 인정하는 담보물을 담보로 잡고 돈을 빌려주는 대출이다. 은행에서 인정하는 담보는 여러 가지가 있지만, 통상적으로 개인에게 인정하는 것은 '부동산'이 대부분이다. 대표적인 상품이 주택(아파트, 주거용 오피스텔, 다세대주택, 아파트 등등)을 담보로 하는 '주택담보대출'인데, 이런 담보대출은 신용대출과는 다르게 대출 한도가 담보물의 가치에 따라 정해진다.

대출 한도는 담보물의 가격과 이 담보물의 가격에서 몇 %까지 인정해주냐에 따라 결정된다. 예를 들어, 서울에 5억 원짜리 아파트가 있고, 은행에서 이 아파트의 70%까지 가치를 인정해준다고 하면, 내가 대출을 받을 수 있는 한도는 3억 5,000만 원(5억 원×70%)이다.

이렇게 대출 한도를 구했다면, 적용 금리는 '기준금리+가산금리-감면금리'로 정해진다. 기준금리는 '시장금리'라고도 하며 시장에서 정해지는 금리를 말하고, 대표적으로 CD물, 금융채, COFIX와 같은 것들이 있으며, 매일매일 변경된다는 특징이 있다.

가산금리는 은행에서 판매하는 상품에 따라 정해져 있으며, 감면금리 같은 경우에는 해당 은행의 거래 내역(상품가입, 공과금 이체 여부, 급여 이체 여부, 카드 사용 여부 등)에 따라 차감되는 금리를 말한다

(담보대출의 경우, 신용대출과 다르게 상품에 따라 금리 구조가 세팅되어 있어, 신용대출에 비해서는 개인의 신용도가 큰 영향이 없다고 볼 수 있다).

한편, 은행에서 인정하는 대표적인 담보물에는 부동산 외에 '보증서'가 있다. 본인의 신용도에 따라 발급 가능한 보증서가 있고, 이 보증서 한도 내에서 은행은 보증서를 담보로 대출을 해주는 형식이다. 대표적으로 전세자금대출이나 자동차대출 등이 이러한 보증서 담보대출이다.

서울보증, 주택금융공사, 주택도시보증, 신용보증재단 등 보증서를 발급해주는 기관에서 개인의 신용도와 소득 등을 보고, 기준에 충족하는 사람에게 보증서를 발급해주면, 은행은 이 보증서를 보고 대출해주는 형태다. 통상 보증서 발급 비용은 은행 혹은 대출자가 부담하며 혹시나 대출에 부실이 생길 경우, 은행은 보증서 발급기관으로부터 채무자로부터 받지 못한 대출금을 받게 되는 형태다.

담보대출의 한도는 담보물의 가치에 따라 결정된다. 금리는 대출 상품 및 은행 거래 실적에 따라 정해지며, LTV나 DTI 같은 주택가격 대비, 소득 대비 부채 비율도 함께 고려해야 한다.

대출에 필요한 서류

1. 신용대출 필요 서류

직장인의 경우 재직증명서, 근로소득원천징수영수증(1년 미만 재직일 경우 급여명세서)가 필요하고, 사업자는 사업자등록증과 소득금액증명원(사업소득은 연 환산 불가)이 필요하다. 추가로 건강보험 자격득실확인서 및 납부내역서를 요구할 수도 있지만, 이것은 전화를 통해 팩스로 받아볼 수 있다. 만약 본인이 재직한 지 얼마 안 되었다면 매달 받은 급여 내역이 있는 급여명세서 최근 6개월 치를 가져가면 된다.

상품에 따라 다르기는 하지만, 6개월 치만 연소득으로 인정해주는 상품도 있고, '6개월 치×2'를 해 연 환산을 통해 연소득으로 인정해주는 상품도 있으니 일단 서류를 챙겨서 은행에 가서 자세한 상담을 하는 게 좋다.

2. 담보대출 필요 서류

주택담보대출 필요 서류	전세자금대출 필요 서류
• 부동산 소유 확인 서류(등기권리증이나 매매계약서) • 전입세대열람내역(주민센터에서 발급) • 재직 확인 및 소득 확인 서류	• 전세계약서 • 재직 확인 및 소득 확인 서류

담보대출의 경우 담보물에 따라 다르다. 가장 일반적인 주택담보대출에 대해 알아보자.

부동산 담보대출 같은 경우 소유한 부동산을 담보로 대출을 받느냐, 매매로 인해 매수하는 부동산을 담보로 하냐에 따라 다르지만, 주택담보대출의 필요서류는 통상 소유한 부동산을 담보로 대출받기 위해 등기권리증 혹은 매매계약서와 해당 물건지에 누가 전입되어 있는지 확인하는 서류인 전입세대열람내역, 소득 확인 서류 및 재직 확인 서류를 챙겨가면 된다. 등기권리증이나 매매계약서로 소유권에 관한 내용과 담보 물건에 관한 내용을 확인하고 재직 및 소득 확인서류로 대출 상환 능력을 판단한다.

전세자금대출을 할 때 필요한 서류는 전세계약서, 재직 확인 및 소득확인서다. '전세' 같은 경우에는 전세대출을 받으려는 부동산 주택에 대해 현재 본인이 대출 가능한지의 여부를 먼저 확인하고 계약하는 게 좋다. 보통 전세자금대출 같은 경우에는 보증서 발급이 안 되거나 한도가 안 되는 경우가 발생하기 때문이다.

· 채무자 구비 서류

등기권리증, 인감 3, 인감도장, 등본 2, 원초본 2, 가족관계증명, 확정일자부여현황(신주소, 구주소), 전입세대열람(신주소, 구주소), 국세완납증명서, 지방세완납증명서, 건강보험료납입확인서, 금융거래확인서, 건강보험료 완납증명서, 신분증 사본

▪ 직장인 기준 구비 서류

재직증명서, 원천징수영수증, 의료보험 납부, 득실확인서, 급여통장 입출금 3개월 내역, 지방세세목별 과세증명원

▪ 사업자인 경우 구비 서류

금융거래확인서, 건강보험료완납증명서, 사업자등록증, 부가가치세납부확인세, 사업소득금액증명원, 사실확인서(세금체납확인), 금융거래확인서, 지방세세목별 과세증명원

사례로 배우는
대부업, 대부중개업
사고 예방법

01 대부업 사고 사례

대부중개업체가 제공한 담보물에 대해 광주광역시 아파트를 1순위 대출 취급 후 13일 만에 상환되었다. 채무자(74, 여)가 보이스피싱을 당해서 293,000,000원을 대출받았다가 채무자 아들이 대출 채권자를 보이스피싱범과 같은 일당으로 보고 신고했다. 대출 당시 채무자 아들은 원인무효를 주장하다가 본인 자필 확인서 및 채무자 통장으로 대출금이 입금된 것을 확인한 후 아들이 대신 상환해주었고, 5일 이내 중간책이 잡히면서 일단락된 일이 있었다.

요즘 지능화된 보이스피싱, 스매싱으로 나이 드신 어르신들에게 접근해 계좌가 보이스피싱에 노출되었다고 속여 자금 관리를 해준다고 하거나, 핸드폰을 통제하는 앱을 깔게 한 후 핸드폰 정보를 유출해 통장에 불법이체하는 사례가 여러 건이나 있었다.

그러므로 채무자 대출 구비서류와 채무자 자서서류도 중요하지만, 본인 자필 확인은 대출에서 필수불가결한 요소다. 이 서류를 잘못 받은 경우 원인무효가 되어 대출금을 한 푼도 받지 못하는 경우가 발생할 수도 있다.

불법 중개업체를 잘못 만나 자서를 맡기는 경우, 임대차 월세계약서만 믿고 실제 채무자와 임대차계약을 할 때 전입자와 확정일자 부여 현황을 받지 않고 대출을 하게 되면, 전세사기 또는 사문서 위조에 걸려 2~3년 소송으로 힘들어질 수도 있다.

본인 자필 확인 및 대출 신청서

고객 정보	성명		생년월일	년 월 일 (□남 □여)
	핸드폰 (통신사)	□SKT □KT □LGU+	전 화	자택
				직장
	직업		직장명	
	부서 및 직책		연봉(연소득)	
	직장주소			
	배우자 직업		배우자(연소득)	
자서 관련	자서 유형	□ 내방 □ 출장	자서일시	20 년 월 일(시 분)
	자서 장소 (구체적으로 기술 요함)			
대출 신청	신청금액	금	원(₩)	
	대출금 자금용도			
	채권자 연락처	※ 대환 대출 시만 기재		

이런 경우, 사기죄로 고소장을 제출해야 한다. 사람을 기망해 재물을 편취하거나 재산상의 이익을 취득하는 행위를 내용으로 하는 범죄이며, 10년 이하의 징역 또는 2,000만 원 이하의 벌금에 처한다(형법 제347조).

급전이 필요한 금융소비자가 온라인 대부중개(광고) 사이트에 대출을 문의하더라도 대부업체가 소비자에게 먼저 전화를 걸 수 없도록 관련 절차가 바뀐다. 금융 취약계층이 개인정보 유출로 피해를 보고 불법 사금융에 노출되지 않도록 하기 위해서다. 대부업체가 급전 문의 소비자에게 먼저 연락을 못 하게 된다는 뜻이다.

다음 물건과 같이 담보비율 76% 대출의 경우 1층인 아파트 매각가율이 너무 낮게 매각되어 원금 일부를 손실 본 경우가 있다. 이처럼 채무자 직업이 자영업자인 경우나 담보비율 65% 이상인 경우, 원금 손실 가성이 있으므로 조심해서 투자해야 한다. 채무자 연소득, 세대수, 층수, 최근 매각사례와 최근 매매사례 등을 감안해야 한다.

GPL 물건 내역서

□ 물건 현황 : 박○현 고객님

KB시세가①	2억 2,000만 원	매매가액	2억 1,500~2억 6,000만 원
1순위 대출② (설정금액)	6,000만 원 (신협)(8,400만 원)	1순위 이율	- 연 3.8% 최고이자(연 6.8%) - 이자제한법 3%P 가산금리 제한 - 2018. 4. 30 전금융기관 시행중
2순위 대출③ (설정금액)	1억 1,500만 원 (16,200만 원)	2순위 이자	연 20% / 중도 0 % 연 20%(최고이자) 21.7.7 시행 월이자 1,916,666원
담보비율(LTV) ②+③ / ①	1억 7,500만 원/ 2억 3,000만 원=76%	자금 용도	경매 진행 중 202*타경 7202 퓨2호 대출원금 1억 1,500만 원 미수이자 7,546,297원 경매비용 3,419,359원
담보물 소재지	광주광역시 북구 문흥동 787-8 우산주공아파트 211동 1*3호		
면적	620세대	49.48㎡	15평형	전용	39.3㎡	12평
수익률 분석	낙찰 예상가 2억 1,000만 원-원금 6,000만 원-780만 원 (연체이자-2년)=1억 4,220만 원(원금 1억 1,500만 원+이자 2,720만 원)		

□ 아파트 시세

공급/ 전용면적(㎡) 49.48/39.9	■ 매매가액(만 원)			■ 전세가액(만 원)		
	하위 평균가	일반 평균가	상위 평균가	하위 평균가	일반 평균가	상위 평균가
	2억 2,000만 원	2억 3,000만 원	2억 4,000만 원	1억 5,000만 원	1억 6,000만 원	1억 7,000만 원
실거래가	계약월	매매가액	층수	계약월	매매가액	층수
	2022.1	2억 2,000만 원	2	2021.5	2억 3,000만 원	3
상위평균가	□ 조사업체 : 공인중개사 □ 주변여건 : 문흥초 중, 고, 전남대 광주 캠퍼스					
채권보전 방 법	■ 인감증명서 3통, 등기권리증, 재직증명서, 원천징수영수증, 국세 납부증명원, 지방세납부증명원, 국민연금, 의료보험납부확인서, 전입세대열람확인원, 확정일자 부여 현황, 지방세세목별 과세 증명원, 사실증명원(당해세 체납 여부 확인) ■ 여신품의서, 대출거래약정서(금전소비대차약정서), 전입세대확인서, 근저당권 설정계약서, 대위변제 신청서, 대위변제 동의서, 질권 설정 동의서, 승낙서, 확약서, 임대차확인조서, 개인신용정보활용동의서, 가등기 설정 계약서(필요시), 기타					
비 고	※ 채무자 민물고기 판매 월매출액 1,000만 원, 배우자 4대 보험 가입직장인 월소득 250만 원					

온라인 대부중개(광고) 사이트 운영 방식 개선 방안

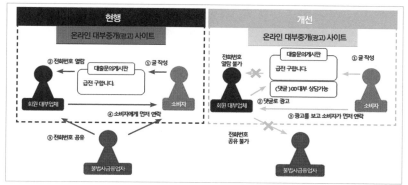

출처 : 금융위원회

이 과정에서 등록 대부업체가 미등록업체(불법 사금융)에 소비자 개인정보를 넘겨 피해를 보는 사례가 속출했다. 등록업체와 미등록 업체를 동시에 운영하는 자가 등록업체 명의로 대부중개 사이트에 가입한 후, 대출이 필요한 소비자의 정보를 빼내 법정 최고이자율(연 20%)을 초과하는 상품에 가입하도록 유인한 사건도 있었다.

이 때문에 대부중개 사이트가 운영 취지와 달리 불법 사금융 노출 경로로 이용되고 있다는 지적이 있다. 금융당국이 2023년 6월부터 2024년 6월까지 채무자 대리인 신청자 4,313명을 대상으로 설문 조사한 결과, 응답자의 약 80%(3,455명)가 대부중개 사이트에서 불법 사금융을 접했다고 답했다.

금융당국은 경찰, 지자체, 대부협회 등과 논의한 결과, 소비자의 개인정보를 제3자에게 제공하지 않도록 대부중개 사이트 운영 방식을 바꾸기로 했다. 대신 대출 문의 글에 대부업체가 댓글로 광고 배너를 올리면 소비자가 이 중 한 곳으로 연락할 수 있도록 하기로 했다. 인지도가 높은 12곳의 운영 방식을 먼저 변경하고, 이후 참여 사이트를 확대한다는 계획을 세웠다. 금융위는 제도 개선으로 소비자와 불법 사금융업체의 접촉 빈도가 줄고, 소비자가 여러 업체의 연락을 받는 경우도 감소할 것으로 기대하고 있다.

정부는 대부중개 사이트 운영 방식 개선과 별개로 대부업체의 개인정보 유출 행위, 사이트 내 불법행위 등을 지속해서 점검·단속할 예정이다. 2024년 중 사이트 현황도 분석해 제도 개선 사항을 검토하기로 했다. 업계도 '온라인 대부중개사 협의회'를 구성해 자정 활동을 할 것이다. 대부업체를 이용하는 소비자 역시 해야 할 일이 있다. '등록대부업체 통합조회' 서비스에서 등록 여부와 등록 시 제출한 광고용 전화번호가 맞는지를 확인하고 가족이나 지인의 연락처 등을 과도하게 요구한다면, 불법 채권추심이나 휴대전화 명의도용의 우려가 있으니 대출 상담을 즉시 중단해야 한다.

한 권으로 끝내는 대부업, 대부중개업 창업 가이드북

02 대부중개업 사고 사례

대부중개업체 등록을 알아보고 꼼꼼하게 확인해야 하는 이유는 대출사기나 사고사례 시 중개하는 업체가 소송에 휘말리게 되기 때문이다. 대부중개업 관련으로 여러 가지 안전장치를 해두고 지자체 등록업체인지, 중개업체가 서울 보증보험에 가입했는지 등을 확인해야한다. 특히, 중개업체 업력이 많은지, 금융과 부동산 정보가 있는지살펴봐야 한다. 그렇지 않은 대부중개업체는 대출 당시 수수료만 챙길 목적으로 담보비율이 높고, 이자 납입 능력이 없는 채무자, 휴·폐업자를 소개하거나 법인 파산을 앞둔 담보물을 제공하고 대출을 요청하는 채무자를 소개하는 경우가 있다.

또는 직장인이 직장을 그만둔 상태에서 전년도 근로원천징수 영수증을 제출하거나 개인회생 신청 중인데 그 사실을 속이고 투자를 요청하는 경우가 많다. 즉, 채무자가 주부이거나 아르바이트생, 프리랜서 등대출조건에 맞지 않는 채무자를 소개하는 경우도 많이 발생하고 있다.

중개업체 사고사례에 대해 이야기해보겠다. 오피스텔 시세는 2억 원, 담보비율은 80%인 1억 6,000만 원이다. 임대차계약이 있는 채무자는 보증금 1,000만 원에 월 60만 원을 내는데, 임대차계약서를 징구하고 대출 지원되었다. 물론 임대차 있는 세입자에게 전화로 확인 후 임대차확인조서 없이 대출을 했다. 하지만 이자 장기 미납으로 부동산 임의경매가 신청된 서울 소재 주거용 오피스텔을 담보로 한 1순위 대출은 부동산 임의경매 신청이 기각되었다. 그 이유는 채권자가 받을 돈이 없다는 것이다. 임차인은 월세자가 아닌 전세세입자였다. 계약서도 위조해 전화도 아는 지인으로 해놓고 거짓으로 사실을 왜곡시킨 대출사기였다. 결국, 재판이 이뤄져 채권자와 중개업체 책임 비율은 50:50 판결이 났다. 임대차가 있는 경우는 채무자 말만 믿지 말고 임대차확인조서를 받고 임차인으로부터 인감도장 날인을 받아야 한다. 인감증명서 및 신분증 첨부는 필수다.

재판 결과에 만족하지 못한 채권자가 항소했다. 결국, 항소심에 중개업체가 나타나지 않아, 100% 책임 소재로 지급명령 신청 집행권원 판결을 받았다. 이후 중개업체 재산을 찾아 추심했으나 등록된 대부업체 사무실도 이미 다른 사람에게 넘겼고, 전세금도 빼돌린 상태여서 채권자는 불법 대부중개업체로 지자체 신고 후 재산 추적 중에 있다.

이처럼 중개업체를 잘못 만나는 경우, 불필요한 변호사 선임비용이 들고, 법원에 출두해야 하는 번거로움이 있을 수 있다. 중개업을 영위하려는 사업자는 제대로 된 채무자, 담보제공자, 임대차 확인, 중개업체를 선별해낼 수 있어야 하고, 금융과 대출의 흐름도 제대로 파악해야 한다.

각 서

(임대차계약 있는 임차인용)

_____ 귀하

1. 부동산의 표시 :

2. 소　유　자 :

　▶ 위 표시 부동산을 소유자가 귀하에 대한 채무자 (　　　　)의 채무의 담보로 제공해 채권에 대해 금_____원정의 근저당권을 설정함에 있어서 본인은 위 부동산에 대해 설정일 현재, 귀하에 제시한 임대차계약(전세계약-포함) 이외의 다른 계약체결이 없음을 다음과 같이 확인합니다.

다　음

▢ 임대차계약(전세) 계약 내용

입주자 성명	입주 연월일	임대차계약 내용				입주자 확인	
		계약 년 월 일	구분		임차보증금 (전세금)	서명 날인	비고 (연락처)
			전세	월세			

　▶ 후일 귀하가 상가 부동산에 대해 권리를 행사함에 있어서 전혀 이의를 제기하지 않을 것을 약속하며, 만일 전항의 확인 내용이 허위일 경우에 발생하는 민·형사상의 문제에 대해 책임을 질 것을 확약합니다.

20　　년　월　일

본　　인　성명 :　　　　　　　　(인)
채　무　자　주소 :

담보제공자　성명 :　　　　　　　　(인)
채　무　자　주소 :

※ **첨부 :** 임대차계약서 1부 및 인감증명서 또는 신분증 사본 각 1부

각 서
(임대차계약 없는 임차인용)

_____ 귀하

1. 부동산의 표시 :

2. 소   유   자 :

▶ 위 표시 부동산을 소유자가 귀하에 대한 채무자 (   )의 채무의 담보로 제
공해 채권에 대해 금 _____ 원정의 근저당권을 설정함에 있어서 본인은 위
부동산에 대해 설정일 현재, 귀하에 제시한 임대차계약(전세계약-포함) 이외의 다
른 계약체결이 없음을 다음과 같이 확인합니다.

다   음

☐ 임대차계약(전세) 계약 내용

입주자 성명	입주 년월일	임대차 계약 내용				입주자 확인	
		계약 년월일	구분		임차보증금 (전세금)	서명 날인	비고 (연락처)
			전세	월세			

▶ 후일 귀하가 상가 부동산에 대해 권리를 행사함에 있어서 전혀 이의를 제기하지
않을 것을 약속하며, 만일 전항의 확인 내용이 허위일 경에 발생하는 민·형사상
의 문제에 대해 책임을 질 것을 확약합니다.

20 년 월 일

본   인   성 명 : _____ (인)
채 무 자   주 소 :
담보제공자 성 명 : _____ (인)
        주 소 :

03 대출사기 사례

전세자금대출과 임차인이 있는 상태에서 임대차 금액을 속이고 대출을 받는 방법으로 사기가 가장 많이 일어난다. 지난 2016년, 명의도용으로 대출금을 가로챈 사기꾼 최모 씨의 범행이 드러났다. 최 씨는 급전이 필요하지만 일반 대출이 어려운 사람들에게 "가짜 전세계약서로 금리가 낮은 전세자금 대출을 받아주겠다"라며 접근했다.

최 씨는 정부 지원 전세대출 상품은 전세계약을 체결하고 대출 신청만 하면 신용등급이 낮아도 무담보 전세대출을 받을 수 있다는 사실을 악용했다. 이런 수법으로 최 씨는 은행 18곳에서 모두 대출 승인을 받았고, 대출금 4억 5,000만 원을 전부 가로챘다. 이런 사례를 명의도용대출이라고 한다. 실제 전세계약이 체결되지 않았는데 임대인과 세입자의 명의를 도용해 가짜 전세계약서를 작성한 후, 여러군데의 금융기관에서 대출을 실행하는 방법이다. 이 밖에도 임대인이 세입자에게 잠시만 명의를 빌려달라고 해서 몰래 대출을 받으려고 하는 등의 명의도용 사기는 빈번하게 일어난다. 이 경우, 아무리 범죄행위를 몰랐다고 해도 명의 제공자에게 책임이 전가될 수 있으니 주의해야 한다.

출처 : 금융위원회, 법제처

지난 2021년 5월쯤 김 씨는 대부개발업체 등에 소속된 분양 관계자들로부터 주변 시세보다 저렴한 분양 정보들을 전해 듣고, 채권을 사들이는 방식으로 부동산을 매입하기 위해 계약금 1억 2,000만 원을 지급했다. 이후 약속했던 입주일이 차일피일 미뤄지면서 분양팀 관계자는 '우선 입주를 위해 8,000만 원의 추가 입금'을 요구했다. 거주지 마련이 시급했던 김 씨 가족은 제안받은 돈을 입금하고서야 입주할 수 있었다.

더 큰 문제는 입주 이후 불거졌다. 거주하던 세대에 대해 대한토지신탁이 공매와 명도소송을 진행한 것은 물론, 같은 집을 매입했다는 또 다른 계약자들까지 집으로 몰려들어 분쟁이 발생한 것이다. 김 씨는 분양 대금을 떼일 위기에 놓였고, 명도는 눈앞까지 와 있으며, 신

한 권으로 끝내는 대부업, 대부중개업 창업 가이드북

탁사는 김 씨와 김씨 가족을 불법점유자로 여겨 점유에 대한 피해보상금까지 소송했다. 피해자가 가해자로 전락한 것이다. 신탁사 동의 없이는 담보로 잡힌 부동산을 매도·임대할 수 없었으나, 단지 안에 입점한 법무법인(사실상 중개업무)에게 계약 업무 등을 위임하고, 분양팀을 투입해 분양사업을 진행한 것으로 나타났다.

이 신탁사기 의혹 사건 피해자들은 분양업체 측이 "소유권은 1순위 수익권자인 분양업체에 있다"라는 취지로 계약자들에게 고지하며, 소유권 이전에 문제가 없는 것처럼 안심시켰다고 했다. 더욱이 법무법인까지 앞세워 "등기상 소유주는 신탁사이지만, 언제든 자신들(분양업체)이 원하면 바꿀 수 있다"라는 식의 안내를 했기에 의심을 거둘 수밖에 없었다고 말했다.

필자의 수강생 역시 신탁가압류 물건에 투자한 후 재판에서 패소해 수억 원 사기를 당하기도 했다. 다양한 신탁 수익권 증서 물건은 초보자들이 손대면 안 되는, 사기당하기 쉬운 물건이므로 전문가의 조언을 받고 투자해야 한다.

04

대부업 경매 실행 후
잔존채권 처리 실무 방법

부동산 임의경매 진행 후 잔존채권이 발생하면 부기문 환부를 받아 지급명령, 대여금 청구소송으로 판결문에 대해 집행문, 판결정본, 확정증명, 송달증명 신청으로 소멸시효 중단조치를 한다. 그 후 지방세 세목별 과세증명원으로 채무자의 다른 재산에 대해 환가성이 있는 부동산을 찾아 가압류 채권보전조치 후 집행권원으로 부동산에 강제경매 신청한다.

필자가 부기문 환부 신청으로 지급명령을 신청했다. 집행권원은 추심신고 후 부기문을 부여받아놓고, 법인이라면 법인등기부등본으로 주식 가압류를 하고 나중에 형사 횡령 배임으로 채무자를 압박할 수 있다. 판결문으로 재산관계명부등재 신청과 판결이 확정된 지 6개월이 지났다면, 채무 불이행자명부 등재 신청을 먼저 한 후 사후관리를 진행하면 더 좋다.

청 구 취 지

채무자는 채권자에게 아래 청구금액 및 독촉절차비용을 지급하라는 명령을 구함

1. 금 215,000,000 원

2. 위 제1항의 금액에 대하여 2020. 6. 20. 부터 2020. 6. 30. 까지는 연20%의 그다음 날부터 완제일까지는 연24%의 각 비율에 의한 지연이자
※ 독촉절차 비용 144,700 원
   (내역 : 송달료 62,400 원, 인지액 82,300 원)

청 구 원 인

1. 대부거래약정
채무자는 신청외 주식회사 에스에스글로벌대부로부터 2020. 6. 19. 대부거래약정서를 작성하고 다음과 같은 조건으로 금원을 대여하였습니다 .

- 다 음 -
1)대여금 : 215,000,000원
2)이자 연20%,
3)연체이자 : 연24%
4)이자납부일 : 매월 30일,
5)대부기간 : 2020. 6. 19. 부터 2022. 6. 19. 까지.

2. 대위변제
하지만 채무자는 위 신청외 법인에게 단한번의 이자도 지급하지 않아 이미 기한의 이익이 상실된 상태에서 채권자가 2022. 5. 31. 주식회사 에스에스글로벌대부의 채무자에 대한 채무전액을 대위변제하였고 이를 채무자에게 통지한후 변제를 독촉하였으나 현재까지 기다려달라고만 하였을뿐 단한푼의 변제도 하지 않고 있습니다 .

3. 결론
이에 채권자는 채무자에게 대위변제원금 금215,000,000원 및 이에대하여 2020. 6. 19. 부터 2020. 6. 30. 까지는 연20%의 그다음날부터 완제일까지는 연24%의 각 비율에 의한 금원을 구하고자 본 신청에 이르렀습니다.

소송비용액 확정 신청을 하고 소송비용액 결정문을 받으면 별도의 채권이 발생하는 것이므로 결정문을 받아 다른 강제집행을 신청해도 좋다. 부동산 임의경매 신청 후 잔존채권 발생 시, 대여금 청구소송과 지급명령 집행권원 확정결정문으로 주요 은행에 진술서를 통해 통장 잔액 잔고 증명을 해서 통장을 압류하는 방식으로 진행하는 방법도 좋을 것 같다.

05

부실채권
회수 사례

담보물이 처분된 후 대부분의 채무자는 개인회생 또는 파산 신청으로 채권자를 기피한다. 담보물이 존재할 경우, 개인회생 신청자는 담보물이 아닌 신용대출 및 카드론, 가압류 면책을 받을 목적이므로 담보물에 대해서는 인가결정 이후 별제권으로 저당권실행 채권회수를 하면 된다.

신용불량자에서 회복하고 통장압류를 해지하기 위해 개인회생을 신청하려고 한다면, 채무자가 준비해야 하는 서류가 매우 다양하다. 또한, 채무 원금의 최대 90%, 이자의 100%를 탕감해주는 방법이다 보니 법원의 심사 기준이 매우 엄격해졌다.

개시 신청서와 진술서, 변제계획안, 재산 목록, 수입 및 지출에 관한 목록, 채권자 목록 등을 제출하면 회생위원이 해당 서류에 문제가

개인회생 신청용 부채증명원 발급 각서

성명 :

주민등록번호 :

주소 :

연락처 :

담보물 주소지 :

상기 본인은 개인회생 인가결정이 된다 해도 귀하의 대출금에 대해 연체 없이 성실하게 이자 납입을 할 것입니다. 개인회생 시 대출 자서 당시 징구한 확약서(대부약정 제2호 6항-개인회생 신청 시 기한의 이익상실)에 의해 기한의 이익상실되어 연 20% 이자가 적용되며, 인가결정 이후 별제권(근저당채권)으로 부동산 임의경매 신청해서 매각대금에서 변제받는다는 사실을 인지하고 있습니다.

20 년   월 일

채무자(담보제공인)   (인)

없는지 판단하며, 법원의 보정 권고에 따라 소명 자료를 제출하는 등
여러 과정을 거치면서 인가결정 여부가 결정된다.

개인회생 절차

출처 : 법제처

채권자는 최종적으로 개인회생과 파산 신청을 한다면 더 이상 채
권추심이 되지 않으므로, 지속적인 문자와 채무자 방문으로 빚 탕감
조건으로 원금의 일부라도 받는 방법을 선택해야 한다.

필자는 채무자의 영업장에 찾아가 영업장 집기비품 압류로 영업을
하지 못하게 해서 일부 회수했고, 채무자 거주 유체동산 압류 집행 방
법으로 채무자를 압박해 일부 원금을 받고 나머지는 탕감해주었다.

제3채무자진술서를 받아 압류 및 추심 명령 실익 여부를 판단한다.

잔존채권 발생 채권추심 방법

① 압류 및 추심명령 : 실익 여부 판단
② 재산관계명시 신청 : 결정
③ 채무불이행자명부등재 신청
④ 채권자의 채무자 파산 신청

제3채무자진술서

사 건 번 호 :   2024타채 ▒▒▒▒

제3채무자는 위 사건의 압류명령과 관련하여 다음사실을 진술합니다. 다음의 진술과 관련하여 고의 또는 과실로 허위의 진술을 함으로 말미암아 압류채권자에게 손해가 발생한 때에는 그 손해를 배상할 의무가 있음을 잘 알고 있습니다.

다   음

※ 제3채무자 통보비용 청구(☑ 예 □ 아니오)
　 전국공통 포괄계좌 유무(☑ 예 □ 아니오)
　 사업자등록번호 : 826-81-▒▒▒▒

> 통보비용 및 포괄계좌는 금융실명거래 및 비밀보장에 관한 법률 제2조에 해당하는 금융기관(제3채무자)이 민사집행법 제237조(제291조)에 따라 진술서를 제출하고, 위 금융실명법 제4조의2에 따른 금융거래정보를 통보하는 경우에 표시합니다.

1. 채권을 인정하는지의 여부와 관련하여
가. 압류된 채권(채무자의 제3채무자에 대한 채권)을 인정하고 있습니까?
　　　☑ 예　　　　□ 아니오

나. ['예'라고 대답한 경우] 인정하는 채무액은 얼마입니까?
　금 8,656원

다. 기타 참고 사항이 있으면 기재하여 주시기 바랍니다.

2. 채권에 대하여 지급할 의사가 있는지의 여부와 관련하여
가. 채권에 대하여 지급할 의사가 있습니까?
　(여기서 말하는 지급의사는 압류채권자에 대한 것을 말하는 것이 아니고 압류가 없을 경우 원래의 채무자에 대한 지급의사를 의미함)
　　　☑ 예　　　　□ 아니오

나. ['예'라고 대답한 경우] 어느 범위에서 지급할 의사가 있습니까?
　금 8,656원

대부업법, 대부중개업 법 제도에 대한 이해

01 금전소비대차의 규제

금전소비대차 계약서

'갑' 대여인	성 명	(인)		
	주 소			
	주 민 등 록 번 호			
	연 락 처			
'을' 차입인	성 명	(인)		
	담 보 물 소 재 지			
	주 소			
	주 민 등 록 번 호			
	연 락 처	(집)	(핸드폰)	
직장명		최종직위		
입사일		재직 기간(사업 기간)		
사업장 전화번호		사업장 주소		
대여금액	금	원정(₩	)	
이자율	연 %	연체이율	연 %	
대여일자	20 년 월 일	만료일자	20 년 월 일	
중도상환 수수료		(확인함)		
상환 방법	□ 만기일시상환 □ 원리금균등상환 □원금균등상환			
이자 납입일	매월 일	이자율의 세부 내역	통상이자 및 연체이자는 1년을 365일로 보고 1일 단위로 계산함	
이자 납부 계좌번호				

※ 변제 방법 1. 대출금의 상환 및 이자의 지급은 은행송금(채권자 입금계좌) 등 당사자가 약정한 방법에 의한다.
           2. 대출금의 상환 및 이자의 지급은 비용, 이자, 원금 순으로 충당한다. (들 었 음)

'을'은 '갑'에게 상기와 같이 상환할 것을 약정함.

금전소비대차 계약서(개인 근저당설정인 경우)에는 채무자 주소, 담보물소재지, 대출금액, 대출금리, 대출일, 상환일, 이자납입일, 변제방법, 이자입금 계좌번호, 직장정보와 만기일시상환, 원리금균등상환, 원금균등상환 등 기재란이 있고, 연체이자 표시와 중도상환 수수료 표시가 있다.

중요한 것은 채무자의 연락처와 직업 등 채무자가 직접 자필로 기재해야 대출 원인무효를 막을 수 있다. 또한 대출금이자 연체 시 연락할 핸드폰 번호, 배우자 핸드폰 번호, 사무실 전화번호, 집 전화번호 기재도 중요하다. 설명의 의무가 중요하므로 본인 자필로 설명을 잘 들었다는 내용을 기재해줘야 훗날 법적인 분쟁을 막을 수 있다.

대부거래 표준계약서

대부거래 표준계약서

본인 등은 아래의 대부거래 계약에 대하여 별첨 대부거래 표준약관을 승낙하고 성실히 이행하겠습니다
(굵은 선 부분은 채무자가 자필로 기재합니다)

계약 내용

대부업자	상호또는성명		㉑		TEL		
	사업자등록번호						
	대부업등록번호						
	주 소						
채 무 자	성 명		㉑		TEL		
	주민등록번호						
	담보물 소재지						
	주 소						
보증인	성 명		㉑		TEL		
	생년월일(성별)						
	주 소						
	보증채무내용	계약일자					
		보증기간					
		보증채무최고금액					
		연대보증여부					

대 부 금 액 (채무자가 실제 수령한 금액)	금 정 (₩ 원)				
이 자 율	연이율		%	연체이율	연이율	%
	월이율		%	연체이율	월이율	%

※ 현행 대부업 등의 등록 및 금융이용자 보호에 관한 법률에 따른 최고이자율은 연 20%입니다.
최대이율 및 연체최고 이율은 20% 입니다.

계약일자(대부일자)	20 년 월 일	대부기간 만료일	20 년 월 일
특약 사항	만기시 자동연장.		
이 자 상 환 일	15일 25일 30일		
입금은행 계좌번호	은행 예금주: 계좌번호:		
변 제 방 법	1. 대출금의 상환 및 이자의 지급은 은행송금(채권자 입금계좌) 등 당사자가 약정한 방법에 의한다 2. 대출금의 상환 및 이자의 지급은 비용, 이자, 원금순으로 충당한다. (들 었 음)		
조기상환시 위약금	만기이전 상환 시 대출금의 %이내를 위약금으로 지불하기로 한다.		
부대비용의 내용 및 금액 (자세하게 기재할것)	근저당설정관련 법무비, 등록세, 교육세, 인지세, 채권할인료 및 확인서면, 말소비, 주소이전비 등 (확인함)		
채무 및 보증채무 증명서 발급비용	1만원	채무 및 보증채무 증명서 발급기한	

※ 채무자는 다음 사항을 읽고 본인의 의사를 사실에 근거하여 자필로 기재하여 주십시오. (기재예시 : 1. 수령함, 2. 들었음 3. 들었음)

1. 위 계약서 및 대부거래표준약관을 확실히 수령하였습니까?	(수 령 함)
2. 위 계약서 및 대부거래표준약관의 중요한 내용에 대하여 설명을 들었습니까?	(들 었 음)
3. 중개수수료를 채무자로부터 받는 것이 불법이라는 설명을 들었습니까?	(들 었 음)

대부거래 표준계약서(채권자가 대부사업자인 경우)는 대출금액, 대출금리, 대출일, 상환일, 이자납입일, 이자납입 계좌번호, 연체이자 표시와 중도상환수수료 표시가 있다.

중요한 것은 채무자의 연락처와 직업 등 채무자가 직접 자필로 기재해야 대출 원인무효를 막을 수 있다. 또한 대출금이자 연체 시 연락할 핸드폰 번호, 배우자 핸드폰 번호, 사무실 전화번호, 집 전화번호 기재가 중요한 부분이다. 그리고 본인 자필로 설명의 의무가 중요하므로 설명을 잘 들었다는 내용을 친필로 기재해줘야 훗날 법적인 분쟁을 막을 수 있다. 또한, 특약사항에 만기일 '자동연장'에 표시해 1년 더 대출금을 연장해서 사용할 수 있게 기재하는 부분이 있다.

한 권으로 끝내는 대부업, 대부중개업 창업 가이드북

03 대부중개업의 규제

대부중개업자는 대부업자로부터 중개수수료를 받을 수는 있어도 대부업체 이용자로부터 받아서는 안 된다. 이를 위반한 자는 3년 이하의 징역 또는 3,000만 원 이하의 벌금에 처해진다. 대부업체 이용자는 대부중개업자가 중개의 대가(중개수수료)를 요구하는 경우, 거부할 수 있다. 대부업자가 개인이나 소기업에 해당하는 법인에 대부하는 경우, 대부중개업자 등에게 지급하는 중개수수료는 대부금액의 100분의 5를 초과할 수 없다.

대부중개업자가 표시 또는 광고를 할 때는 대부중개업 등록번호, 대부이자율 등을 포함해야 하므로 대부중개업자를 이용하려는 경우, 표시된 대부조건을 확인할 수 있다.

대부중개수수료의 금지

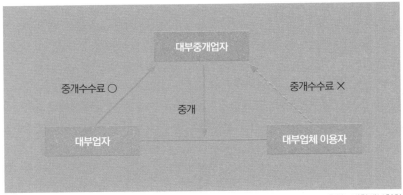

출처 : 대한대부협회

중개의 제한

　대부중개업자는 대부업의 등록 또는 등록 갱신을 하지 않고 사실상 대부업을 하는 자('미등록 대부업자')에게 대부중개를 해서는 안 된다('대부업 등의 등록 및 금융이용자 보호에 관한 법률' 제11조의2 제1항). 이를 위반해 미등록 대부업자에게 대부중개를 한 자는 3년 이하의 징역 또는 3,000만 원 이하의 벌금에 처해진다('대부업 등의 등록 및 금융이용자 보호에 관한 법률' 제19조 제2항 제6호).

한 권으로 끝내는 대부업, 대부중개업 창업 가이드북

대부업체 이용자의 중개수수료 지급 금지

대부중개업자 및 대출모집인(대부중개업자 등)과 미등록 대부중개업자는 수수료, 사례금, 착수금 등 그 명칭이 무엇이든 대부중개와 관련해서 받는 대가(중개수수료)를 대부업체 이용자로부터 받아서는 안 된다('대부업 등의 등록 및 금융이용자 보호에 관한 법률' 제11조의2 제2항). 이를 위반해 중개수수료를 받은 자는 3년 이하의 징역 또는 3,000만 원 이하의 벌금에 처해진다('대부업 등의 등록 및 금융이용자 보호에 관한 법률' 제19조 제2항 제6호).

> ※ '대출모집인'이란 여신금융기관과 위탁계약 등을 맺고 대부중개업을 하는 자(그 대부중개업을 하는 자가 법인인 경우 그 법인과 직접 위탁계약 등을 맺고 대부를 받으려는 자를 모집하는 개인을 포함함)를 말한다('대부업 등의 등록 및 금융이용자 보호에 관한 법률' 제3조 제1항 단서).

중개수수료의 상한

대부업자가 개인이나 소기업('중소기업기본법' 제2조 제2항)에 해당하는 법인에 대부하는 경우, 대부중개업자 등에게 지급하는 중개수수료는 다음에 해당하는 금액을 초과할 수 없다('대부업 등의 등록 및 금융이용자 보호에 관한 법률' 제11조의2 제3항 및 '대부업 등의 등록 및 금융이용자 보호에 관한 법률 시행령' 제6조의8 제2항).

대부금액	중개수수료금액
500만 원 이하	대부금액의 100분의 3에 해당하는 금액
500만 원 초과	15만 원 + 대부금액 중 500만 원을 초과하는 금액의 100분의 2.25에 해당하는 금액

출처 : 대한대부협회

※ 여신금융기관이 대부중개업자 등에게 중개수수료 지급하는 경우에도 이와 같다('대부업 등의 등록 및 금융이용자 보호에 관한 법률' 제11조의2 제4항). 이를 위반해 중개수수료를 초과해 지급한 자는 3년 이하의 징역 또는 3,000만 원 이하의 벌금에 처해진다('대부업 등의 등록 및 금융이용자 보호에 관한 법률' 제19조 제2항 제7호).

대부중개업자 등은 대부업자 또는 여신금융기관으로부터 이 금액을 초과하는 중개수수료를 지급받아서는 안 된다('대부업 등의 등록 및 금융이용자 보호에 관한 법률' 제11조의2 제6항). 이를 위반해 중개수수료를 받은 자는 3년 이하의 징역 또는 3,000만 원 이하의 벌금에 처해진다('대부업 등의 등록 및 금융이용자 보호에 관한 법률' 제19조 제2항 제9호).

GPL 투자 약정서

이상준 박사 NPL 투자 연구소 및 플랫폼 운영자(이하 '갑'이라 함), 주식회사 동양캐피탈대부 및 중개 중개업체(이하 '을'이라 함)는 다음과 같이 약정(이하 '본 약정'이라 함)하고 이를 성실하게 이행하기로 한다.

다   음

1. (목적)
'갑' 및 '을'은 본 약정을 체결하고 공동의 목적을 수행하기 위해 각 당사자 모두 상생할 수 있도록 본 약정에 정한 권리와 의무를 다해 성실하게 노력하기로 한다.

2. (권리와 의무)
'갑' 및 '을'은 본 약정을 이행하기 위해 다음과 같은 권리와 의무를 부담하기로 한다.

가. 권리
'갑' 및 '을'은 GPL 투자 물건을 제공해 카페 및 플랫폼에서 투자된 물건이 있어 발생한 수수료의 일부를 플랫폼 수수료 및 컨설팅 명목으로 지급한다. 민원 및 손실금에 대해 민·형사상의 책임을 진다.

나. 의무
① '을'은 GPL 투자 물건을 제공함에 있어 부주의로 발생한 민원 및 손실금에 대해 민·형사상의 책임을 진다.
② '을'은 투자 물건 제공 후 투자까지 대출 심사 → 대출 취급 → 대출 당일 전입세대열람 및 등기부등본 열람 확인 → 대출 실행 → 사후관리(이자 독촉, 이자 소득세 세무 상담 등)까지 모든 책임이 있으며, 채무자 자서 및 임대차 확인 소홀, 대출 당일 중개업체 또는 협약 법무사를 통해 전입세대열람 및 등기부등본 열람 확인 소홀, (가)압류 경매 기입등기 확인 불철저 발생한 손실에 대해 부담할 책임이 있다.
③ '갑'이 그동안 제공한 투자자 정보를 이용해 '을' 및 '병'의 검수되지 않은 GPL 투자 물건을 '갑'을 통하지 않고 자체 개설한 카페 및 단톡방 또는 투자자에게 직접 투자 물건을 제공하는 상도덕에 어긋난 행동은 '신

의성실의 원칙' 위배로 보고 '가' 항의 수수료 방식에 의해 투자 물건에 대한 일정한 위약금(투자금 1%) 및 협약 플랫폼 수수료 정산을 하고 더 이상의 투자 물건을 받지 않기로 한다.

3. (비밀유지의무)

'갑' 및 '을'은 회사 운영 과정에서 전원의 동의 없이 본 약정에 따라 취급 및 운영하는 과정에서 취득한 영업상의 비밀 등에 대해 제3자에게 누설해서는 아니 된다.

4. (계약 기간)

본 약정의 기간은 본 약정 체결일로부터 당사자 사이 합의 또는 특별한 사유에 따라 종료될 때까지로 한다.

5. (해지 또는 해제)

① '을'은 회사 운영 과정에서 어느 당사자가 본 약정을 위반하는 경우 위반 당사자에게 서면으로 그 위반 사항을 시정할 수 있도록 최대 1월 내 기한을 부여하고, 그럼에도 불구하고 시정이 되지 아니하는 경우, 위반 당사자에게 서면(카톡), 통지한 후 본 약정을 해지 또는 해제할 수 있다.

② '을'은 GPL 투자 물건 제공 과정에서 발생한 제1항에서 본 약정을 위반해 다른 당사자에게 손해를 입히는 경우, 위반 당사자는 다른 당사자가 입은 손해를 전부 배상하기로 한다.

이상과 같이 본 약정이 체결되었음을 증명하기 위해 본 약정서 2부 작성해 각자 날인한 후 각 1부씩 보관하기로 한다.

20   년   월   일

[갑] 이상준 박사 NPL 투자 연구소 및 플랫폼 운영자 이상준 (인)
     인천광역시 계양구 장제로 9**번길 3 비02(병방동, **아트빌)

[을] 주식회사 ○○E대부 대표   김** (인)
     서울특별시 서초구 서초중앙로**, **오피스텔 12*3호

중개수수료 환급 약정서

사후관리 위임 시 채권자(투자자) 수수료(대부중개 수수료 2.25%, 플랫폼 수수료 1.25%)는 3.5%(vat 별도-중개·알선 및 플랫폼, 사후관리)로 약정한다. 자체 사후관리 시 채권자(투자자) 수수료(대부중개 수수료 2.25%, 플랫폼 수수료 0.75%)는 3%(vat 별도-이자 납입 안내, 독촉장 발송, 유선 독촉, 부채증명원, 경매 통보 등)로 한다. 투자자가 채무자를 직접 관리 시 3%(vat 별도)로 약정한다. 수수료 환급약정은 30일 이내 100% 환급해준다. 단, 사후관리 기간은 1년이며, 이후는 투자자가 직접 사후관리를 하거나 수수료를 별도 지불해야 한다.

90일 이내 상환 시 사용 기간에 따라 일수를 차감해 환급해주는 약정이다. 90일 이후 상환 시 이미 지불한 수수료 환급은 없다(3개월 누적 수입이자 및 중도상환 수수료 등 투자자 손실이 없기 때문이다).

즉, 대출일로부터 90일 초과 시 수령한 누적 이자가 수수료를 초과하므로 환급액은 없으며 90일 이내 상환 시 사용 기간에 따라 90일 이내 상환 일수 차감 환급약정을 체결한다. 법정 최고이자율(연 20%-월 1.67% 2021.7.7. 이후) 초과 시 중도상환수수료를 채무자로부터 받을 수 없으므로, 중개업체와 투자자 양자 간 손해가 발생하지 않도록 사용 기간에 따라 환급해준다.

[대출금 사용 기간 중개수수료 환급 계산식]

1. 대출금 실행 이후 만약 '30일 이내 대출금 상환'된 때에는 중개 및 채권심사 사후 관리수수료 3,300,000×59/90=2,163,333원→(90-59)=59일 사용 기간에 따른 중개수수료를 환급한다.

2. 대출금 실행 이후 만약 '45일 이내 대출금 상환'된 때에는 중개 및 채권심사 사후관리수수료 3,300,000×45/90=1,650,000원→(90-45)=45일 사용 기간

3. 대출금 실행 이후 만약 '60일 이내 대출금 상환'된 때에는 중개 및 채권심사 사후 관리수수료 3,300,000×30/90=1,100,000원→(90-60)=30일 사용 기간

4. 대출금 실행 이후 만약 '75일 이내 대출금 상환'된 때에는 중개 및 채권심사 사후관리 수수료 3,300,000×15/90=550,000원→(90-75)=15일

사용 기간에 따른 중개수수료를 환급한다.
※ 본 대출 투자에 대한 결정은 투자자 본인의 결정으로, 민·형사상 모든 책임은 투자자 본인에게 있다.

20 년 월 일

[갑] 이상준 박사 NPL투자 연구소 및 플랫폼 운영자   이상준(인)
　　인천광역시 계양구 장제로 9**번길3 비02호(병방동, **아트빌)
[을] 채권자(투자자) 주식회사   대부 대표   (인)
　　서울특별시 서초구 서초중앙로**, **오피스텔 12*3호

대부중개를 위탁한 대부업자 또는 여신금융기관의 배상책임

대부중개업자 등이 그 위탁받은 대부중개를 하면서 이 법을 위반해 거래 상대방에게 손해를 발생시킨 경우, 대부업자 또는 여신금융기관은 그 손해를 대신 배상할 책임이 있다('대부업 등의 등록 및 금융이용자 보호에 관한 법률' 제11조의3 제1항 본문). 다만, 대부업자 또는 여신금융기관이 대부중개업자 등에게 대부중개를 위탁하면서 상당한 주의를 기울였고, 대부중개업자가 대부중개를 하면서 거래 상대방에게 손해를 입히는 것을 막기 위해 노력한 경우에는 그렇지 않다('대부업 등의 등록 및 금융이용자 보호에 관한 법률' 제11조의3 제1항 단서). 대부업자 또는 여신금융기관이 대부중개업자의 중개행위로 발생한 손해를 대신 배상한 경우, 대부업자 또는 여신금융기관은 대부중개업자에게 구상권을 행사할 수 있다('대부업 등의 등록 및 금융이용

자 보호에 관한 법률' 제11조의3 제2항).

대부중개업자 등의 광고 제한

대부중개업자 등이 아니면 대부중개업에 관한 표시 또는 광고('표시·광고의 공정화에 관한 법률'에 따른 표시 또는 광고를 말함. 이하 '광고'라 함)를 해서는 안 된다('대부업 등의 등록 및 금융이용자 보호에 관한 법률' 제9조의2 제2항). 이를 위반해 대부중개업 광고를 한 자는 5년 이하의 징역 또는 5,000만 원 이하의 벌금에 처해진다('대부업 등의 등록 및 금융이용자 보호에 관한 법률' 제19조 제1항 제3호).

대부중개업자는 광고를 하는 경우에는 일반인이 이 사항을 쉽게 알 수 있도록 다음의 방식에 따라 광고의 문안과 표기를 해야 한다('대부업 등의 등록 및 금융이용자 보호에 관한 법률' 제9조 제4항 및 '대부업 등의 등록 및 금융이용자 보호에 관한 법률 시행령' 제6조의2).

대부중개업자의 상호 글자는 상표의 글자보다 크게 하고, 쉽게 알아볼 수 있도록 할 것, 등록번호, 전화번호, 대부이자율, 대부계약과 관련된 부대비용, 과도한 차입의 위험성을 알리는 경고문구 및 '중개수수료를 요구하거나 받는 것은 불법'이라는 문구는 상호의 글자와 글자 크기를 같거나 크게 하고, 그 밖의 광고사항과 쉽게 구별할 수 있도록 해야 한다.

대부업자 등의 광고 표시기준을 준수해야 한다('대부업 등의 등록 및 금융이용자 보호에 관한 법률 시행령' 별표 1).

※ 불법 대부광고에 사용된 전화번호의 이용 중지

시·도지사, 검찰총장, 경찰청장, 금융감독원장 및 '서민의 금융생활 지원에 관한 법률' 제3조에 따른 서민금융진흥원의 원장(이하 '시·도지사 등'이라 함)은 과학기술정보통신부장관에게 불법 대부광고에 사용된 전화번호에 대한 이용중지를 요청할 수 있다. 또한 허위·과장 광고의 경우에는 시·도지사 등은 기한을 정해 해당 광고의 중단을 명할 수 있으며, 광고 중단 명령을 따르지 않을 경우에는 광고에 사용된 전화번호에 대한 이용정지를 요청할 수 있다. 다만, 이의 신청 절차를 마련해 선의의 피해를 방지하고 있다('대부업 등의 등록 및 금융이용자 보호에 관한 법률' 제9조의6 및 '대부업 등의 등록 및 금융이용자 보호에 관한 법률 시행령' 제6조의5 제1항).

대부조건의 표시 또는 광고

대부중개업자가 대부조건 등에 관해 광고를 하는 경우에는 다음의 사항을 포함해야 한다('대부업 등의 등록 및 금융이용자 보호에 관한 법률 제9조 제3항 및 대부업 등의 등록 및 금융이용자 보호에 관한 법률 시행령' 제6조 제3항).

- 명칭 또는 대표자 성명
- 대부중개업 등록번호
- 중개를 통해 대부를 받을 경우 그 대부이자율(연 이자율로 환산한 것 포함) 및 연체이자율 이자 외에 추가비용이 있는 경우 그 내용
- 채무의 조기상환 수수료율 등 조기상환조건
- 영업소의 주소와 등록된 광고에 사용되는 전화번호(둘 이상의 특별시·광역시·특별자치·시·도 또는 특별자치도(이하 '시·도'라 함)에 영업소를 설치한 대부중개업자인 경우에는 본점의 주소와 광고에 사용되는 전화번호를 말함)
- 현재 등록되어 있는 시·도 등의 명칭과 등록정보를 확인할 수 있는 시·도 등의 전화번호
- '중개수수료를 요구하거나 받는 것은 불법'이라는 문구
- 과도한 채무의 위험성 및 대부계약과 관련된 신용등급 또는 개인신용평점의 하락 가능성을 알리는 '대부업 등의 등록 및 금융이용자 보호에 관한 법률 시행령'

대출자서 설명 의무, 고지 의무

금융소비자보호법에서는 설명 의무의 대상이 되는 금융상품을 보장성상품·투자성상품·예금성상품·대출성상품 등 총 4가지 유형으로 분류하고 있다(법 제19조 제1항).

보장성상품은 보험회사가 보험료를 수수하고 보험사고 발생 시 약관에 따른 보험금을 지급하는 상품을 의미하며, 보험상품과 공제상품 등이 이에 해당한다. 투자성상품은 투자수익이 발생하는 금융상품으로, 원금보장이 발생하지 않는 펀드 등 금융 투자상품, 연계투자, 신탁 상품 등이 이에 해당한다. 예금성상품이란, 이자수익이 발생하고 원금 보장이 되는 상품으로 은행이나 저축은행의 예금, 적금, 예탁금 등이 이에 해당한다. 대출성상품은 금융소비자가 금융회사에서 금전을 대출하면서 원금과 이자의 상환의무가 발생하는 상품을 말하며, 각종 대출상품, 신용카드, 시설 대여, 연불 판매, 할부금융 등이 이에 해당한다.

설명 의무의 주체

금융소비자보호법상 설명 의무의 대상이 되는 사항을 일반금융소비자가 이해하기 쉽도록 기재해야 한다. 설명서의 제공은 서면, 우편 또는 전자우편, 휴대폰 문자 또는 이에 준하는 전자적 의사 표시로도 할 수 있다(시행령 제14조 제3항). 설명서와 관련해 두 번의 확인 절차를 거쳐야 한다. 첫째, 설명한 내용을 일반금융소비자가 이해했음을 확인하는 것으로, 이는 서명, 기명날인, 녹취 또는 기타 시행령으로 정하는 방법으로 할 수 있다(법 제19조 제2항). 둘째, 일반금융소비자에게 설명한 내용과 실제 설명서의 내용이 같다는 사실에 대해 설명한 사람의 서명 또는 전자서명이 있어야 한다(시행령 제19조 제2항).

중요한 사항

금융소비자보호법은 설명 의무의 대상이 되는 중요한 사항을 4가지 금융상품 유형으로 분류하고, 각 유형별 설명 의무의 대상을 열거하고 있다(법 제19조 제1항, 시행령 제13조 제1항). 보장성상품의 경우에는 상품 내용, 보험료·공제료, 보험금·공제금 지급제한 사유 및 지급절차, 보장범위, 보험 기간, 계약해지·해제, 보험료 감액 청구, 보험금 또는 해약환급금의 손실 발생 가능성, 그 외 금융위원회 고시 사항이 모두 설명 의무 이행의 대상이다.

금융소비자보호법의 규율

금융소비자보호법의 규율을 받는 금융회사는 설명 의무를 더욱 충실히 이행하기 위해 많은 고민과 개혁이 필요할 것이다. 민원이나 분쟁이 발생할 가능성이 큰 고위험 금융상품을 출시하고 판매하는 데 보다 신중해야 할 것이며, 금융소비자가 제대로 이해할 수 없는 금융상품은 판매를 지양하는 것이 바람직하다.

한 권으로 끝내는 대부업, 대부중개업 창업 가이드북

05   중도상환수수료를 절감하는 방법

채무자가 대출금을 약정 기간보다 조기에 상환함에 따라 여신금융기관이 중도상환수수료를 수취하는 경우, 실제 대출 사용 기간 기준으로 중도상환수수료를 이자율로 환산한 후, 약정이자 및 다른 간주이자 등과 합산해 이자율 위반 여부를 판단한다(실 대출 기간 기준 안분 방식).

→ 중도상환수수료의 대출 사용 기간에 따른 이율은 약정이자, 연체이자, 수수료 등과 합산되어 계산되므로 약정이율이 연 20%인 경우에는 중도상환수수료를 추가로 받지 못한다.

다만, 다음 각 호에 해당하는 경우에는 다음과 같이 적용한다.

• 대출 약정 만기가 1년 이상인 경우, 부대비용으로써 조기상환 금액의 1%를 초과하지 않는 금액은 이자율 상한 초과 여부를 계

산할 때 제외한다.

→ 대출 약정만기 기간을 판단하는 기준은 신규계약 또는 계약갱신 시점에 체결한 약정기간을 기준*으로 산정한다(대출의 총 누적사용 기간이 아님).

• 대출금 실제 사용 기간이 30일 미만인 경우에는 30일로 간주해서 계산한다.

• 기한의 이익상실로 대출금을 상환하는 경우에는 채무자의 선택에 따라 약정기한 내에서 조기상환하는 것이 아니므로 중도상환수수료를 수취해서는 안 된다. 만약, 중도상환수수료 등의 명목으로 수수료를 수취하는 경우에는 수취 시점의 이자로 간주한다.

대출금 중 일부를 조기상환하는 경우에는 대부업법상 원본금액에서 상환되는 금액 중 원본에 해당하는 금액을 차감하고, 남은 금액을 기준으로 이자율을 산정해서 위반 여부를 판단한다.

특별한 사정이 없는 한 대출금 실제 사용 기간이 길어짐에 따라 채무자가 부담하는 중도상환수수료가 증가해서는 안 된다.

→ 중도상환수수료의 금리환산방식 변경의 적용시기 및 대상 : 2015년 1월 1일 이후 신규대출 및 기존 대출계약 갱신분부터 적용

---

* 대출 약정만기가 1년 이상인지 여부 : ① (최초 약정기간 2년) 인정, ② (최초 약정기간 6개월, 계약연장 6개월) 불인정, ③ (최초 약정기간 1년, 계약연장 6개월) 최초 약정기간만 인정, ④ (최초 약정기간 6개월, 계약연장 1년) 계약연장기간만 인정

한 권으로 끝내는 대부업, 대부중개업 창업 가이드북

대부이자율 제한

대부업자가 개인이나 '중소기업기본법' 제2조 제2항에 따른 소기업에 해당하는 법인에 대부를 하는 경우, 그 이자율은 연 100분의 20(이자율을 월 또는 일 기준으로 적용하는 경우에는 연 100분의 20을 단리로 환산)를 초과할 수 없다('대부업 등의 등록 및 금융이용자 보호에 관한 법률' 제8조 제1항 및 '대부업 등의 등록 및 금융이용자 보호에 관한 법률 시행령' 제5조 제2항·제3항).

※ 일수 이자율 및 1회 상환원리금의 계산은 '금융감독원 서민금융 1332 서비스-불법금융대응-이자율계산'에서 확인할 수 있다.

이자율을 초과해 이자를 받은 자는 3년 이하의 징역 또는 3,000만 원 이하의 벌금에 처해진다('대부업 등의 등록 및 금융이용자 보호에 관한 법률' 제19조 제2항 제3호).

이자율의 산정(算定)

이자율을 산정할 때 사례금, 할인금, 수수료, 공제금, 연체이자, 체당금(替當金, 나중에 상환받기로 하고 대신 지급하는 금전) 등 그 명칭이 무엇이든 대부와 관련해 대부업자가 받는 것은 모두 이자로 본다. 다만, 해당 거래의 체결과 변제에 관한 부대비용으로서 다음의 비용은 이자로 보지 않는다('대부업 등의 등록 및 금융이용자 보호에 관한 법률' 제8조 제2항 및 '대부업 등의 등록 및 금융이용자 보호에 관한 법률 시행령' 제5조 제4항).

담보권 설정비용

신용조회비용('신용정보의 이용 및 보호에 관한 법률'에 따른 개인신용평가회사, 개인사업자신용평가회사 또는 기업신용조회회사에 거래 상대방의 신용을 조회하는 경우만 해당), 등록세, 교육세, 채권 할인비 등.

연체이자율

대부업자가 개인이나 '중소기업기본법' 제2조 제2항에 따른 소기업(小企業)에 해당하는 법인에 대부하는 경우, 대부이자율에 연 100분의 3을 합산한 이자율을 초과해 연체이자를 받을 수 없다('대부업 등의 등록 및 금융이용자 보호에 관한 법률' 제8조 제3항, '대부업 등의 등록 및 금융이용자 보호에 관한 법률 시행령' 제5조 제5항 전단 및 '대부업 등의 등록 및 금융이용자 보호에 관한 법률 시행령에 따른 연체이자율에 관한 규정'(금융위원회 고시 제2019-27호, 2019. 6. 12. 발령, 2019. 6. 25. 시행) 제3조 제1항). 이 경우, 연체이자율은 연 100분의 20을 초과할 수 없다('대부업 등의 등록 및 금융이용자 보호에 관한 법률 시행령' 제5조 제5항 후단).

대부업자가 선이자를 사전에 공제하는 경우에는 그 공제액을 제외하고 채무자가 실제로 받은 금액을 원본으로 해서 이자율을 산정한다('대부업 등의 등록 및 금융이용자 보호에 관한 법률' 제8조 제6항).

미등록 대부업자의 이자율의 제한

미등록 대부업자의 금전대차에 관한 계약상의 최고이자율은 연 20%다('대부업 등의 등록 및 금융이용자 보호에 관한 법률' 제11조 제1항, '이자제한법' 제2조 제1항 및 '이자제한법 제2조 제1항의 최고이자율에 관한 규정'). 이를 위반해 이자율을 초과해 이자를 받은 자는 3년 이하의 징역 또는 3,000만 원 이하의 벌금에 처해진다('대부업 등의 등록 및 금융이용자 보호에 관한 법률' 제19조 제2항 제3호).

06 기타 대부업법 중개법령의 내용

대부업 등의 등록 및 금융이용자 보호에 관한 법률(약칭 : 대부업법)

[시행 2023. 9. 14.] [법률 제19700호, 2023. 9. 14., 타법개정]

금융위원회(가계금융과), 02-2100-2511, 2514

제1조(목적)

이 법은 대부업·대부중개업의 등록 및 감독에 필요한 사항을 정하고 대부업자와 여신금융기관의 불법적 채권추심행위 및 이자율 등을 규제함으로써 대부업의 건전한 발전을 도모하는 한편, 금융이용자를 보호하고 국민의 경제생활 안정에 이바지함을 목적으로 한다.

[전문개정 2009. 1. 21.]

제2조(정의)

이 법에서 사용하는 용어의 뜻은 다음과 같다. 〈개정 2015. 7. 24.〉

1. '대부업'이란 금전의 대부(어음 할인·양도 담보, 그 밖에 이와 비슷한 방법을 통한 금전의 교부를 포함한다. 이하 '대부'라 한다)를 업(業)으로 하거나 다음 각 목의 어느 하나에 해당하는 자로부터 대부계약에 따른 채권을 양도받아 이를 추심(이하 '대부채권매입추심'이라 한다)하는 것을 업으로 하는 것을 말한다. 다만, 대부의 성격 등을 고려하여 대통령령으로 정하는 경우는 제외한다.

    가. 제3조에 따라 대부업의 등록을 한 자(이하 '대부업자'라 한다)

    나. 여신금융기관

2. '대부중개업'이란 대부중개를 업으로 하는 것을 말한다.

3. '대부중개업자'란 제3조에 따라 대부중개업의 등록을 한 자를 말한다.

4. '여신금융기관'이란 대통령령으로 정하는 법령에 따라 인가 또는 허가 등을 받아 대부업을 하는 금융기관을 말한다.

5. '대주주'란 다음 각 목의 어느 하나에 해당하는 주주를 말한다.

    가. 최대주주 : 대부업자 또는 대부중개업자(이하 '대부업자 등'이라 한다)의 의결권 있는 발행주식 총수 또는 출자지분을 기준으로 본인 및 그와 대통령령으로 정하는 특수한 관계에 있는 자(이하 '특수관계인'이라 한다)가 누구의 명의로 하든지 자기의 계산으로 소유하는 주식 또는 출자지분을 합하여 그 수가 가장 많은 경우의 그 본인

    나. 주요 주주 : 다음의 어느 하나에 해당하는 자

        1) 누구의 명의로 하든지 자기의 계산으로 대부업자 등의 의결권 있는 발행주식 총수 또는 출자지분의 100분의 10 이

상의 주식 또는 출자지분을 소유하는 자

　2) 임원의 임면 등의 방법으로 대부업자 등의 주요 경영사항
　　에 대하여 사실상의 영향력을 행사하는 주주 또는 출자자
　　로서 대통령령으로 정하는 자

6. '자기자본'이란 납입자본금·자본잉여금 및 이익잉여금 등의 합
계액으로서 대통령령으로 정하는 금액을 말한다.

[전문개정 2009. 1. 21.]

제3조(등록 등)

① 대부업 또는 대부중개업(이하 '대부업 등'이라 한다)을 하려는 자
(여신금융기관은 제외한다)는 영업소별로 해당 영업소를 관할하
는 특별시장·광역시장·특별자치시장·도지사 또는 특별자치도
지사(이하 '시·도지사'라 한다)에게 등록하여야 한다. 다만, 여신
금융기관과 위탁계약 등을 맺고 대부중개업을 하는 자(그 대부
중개업을 하는 자가 법인인 경우 그 법인과 직접 위탁계약 등을 맺고
대부를 받으려는 자를 모집하는 개인을 포함하며, 이하 '대출모집인'
이라 한다)는 해당 위탁계약 범위에서는 그러하지 아니하다. 〈개
정 2012. 12. 11.〉

② 제1항에도 불구하고 대부업 등을 하려는 자(여신금융기관은 제외
한다)로서 다음 각 호의 어느 하나에 해당하는 자는 금융위원회
에 등록하여야 한다. 다만, 대출모집인은 해당 위탁계약 범위에
서는 그러하지 아니하다. 〈신설 2015. 7. 24., 2020. 12. 29.〉

　1. 둘 이상의 특별시·광역시·특별자치시·도·특별자치도(이하

'시·도'라 한다)에서 영업소를 설치하려는 자

2. 대부채권매입추심을 업으로 하려는 자

3. '독점규제 및 공정거래에 관한 법률' 제31조에 따라 지정된 상호출자제한기업집단에 속하는 자

4. 최대주주가 여신금융기관인 자

5. 법인으로서 자산규모 100억 원을 초과하는 범위에서 대통령령으로 정하는 기준에 해당하는 자

6. 그 밖에 제1호부터 제5호까지의 규정에 준하는 등 대통령령으로 정하는 자

③ 제1항 또는 제2항에 따른 등록을 하려는 자는 다음 각 호의 사항을 적은 신청서와 대통령령으로 정하는 서류를 첨부하여 시·도지사 또는 금융위원회(이하 '시·도지사 등'이라 한다)에 제출하여야 한다. 〈개정 2010. 1. 25., 2011. 4. 12., 2012. 12. 11., 2015. 7. 24.〉

1. 명칭 또는 성명과 주소

2. 등록 신청인이 법인인 경우 주주 또는 출자자(대통령령으로 정하는 기준 이하 주식 또는 출자지분 소유하는 자는 제외한다)의 명칭 또는 성명, 주소와 그 지분율 및 임원의 성명과 주소

3. 등록 신청인이 영업소의 업무를 총괄하는 사용인(이하 '업무총괄 사용인'이라 한다)을 두는 경우에는 업무총괄 사용인의 성명과 주소

4. 영업소의 명칭 및 소재지

4의2. 삭제 〈2015. 7. 24.〉

5. 경영하려는 대부업 등의 구체적 내용 및 방법

6. 제9조 제2항 또는 제3항에 따른 표시 또는 광고에 사용되는 전화번호(홈페이지가 있으면 그 주소를 포함한다)

7. 자기자본(법인이 아닌 경우에는 순자산액)

8. 제11조의4 제2항에 따른 보증금, 보험 또는 공제

④ 제3항에 따라 등록 신청을 받은 시·도지사 등은 신청인이 제3조의5의 요건을 갖춘 경우에는 다음 각 호의 사항을 확인한 후 등록부에 제3항 각 호에 규정된 사항과 등록일자·등록번호를 적고 지체 없이 신청인에게 등록증 교부하여야 한다. 〈개정 2012. 12. 11., 2015. 7. 24.〉

1. 신청서에 적힌 사항이 사실과 부합하는지 여부. 이 경우 신청서에 적힌 사항이 사실과 다르면 30일 이내의 기한을 정하여 등록증 교부 전에 신청인에게 신청서의 수정·보완을 요청할 수 있으며, 그 수정·보완 기간은 처리 기간에 산입하지 아니한다.

2. 사용하려는 상호가 해당 시·도 또는 금융위원회에 이미 등록된 상호인지 여부. 이 경우 이미 등록된 상호이면 다른 상호를 사용할 것을 요청할 수 있다.

3. 삭제 〈2015. 7. 24.〉

4. 삭제 〈2015. 7. 24.〉

⑤ 시·도지사 등은 제4항에 따른 등록부를 일반인이 열람할 수 있도록 하여야 한다. 다만, 등록부 중 개인에 관한 사항으로서 공개될 경우 개인의 사생활을 침해할 우려가 있는 것으로 대통령령으로 정하는 사항은 제외한다. 〈개정 2015. 7. 24.〉

⑥ 제1항 또는 제2항에 따른 등록 유효 기간 등록일부터 3년으로 한다. 〈개정 2015. 7. 24.〉

⑦ 대부업자 등이 제4항 및 제3조의2에 따라 교부받은 등록증을 분실한 경우에는 시·도지사 등에게 분실신고를 하고 등록증을 다시 교부받아야 한다. 〈개정 2015. 7. 24.〉

⑧ 제1항부터 제7항까지의 규정에 따른 등록 등의 구체적 절차는 대통령령으로 정한다. 〈개정 2015. 7. 24.〉

[전문개정 2009. 1. 21.]

제3조의2(등록 갱신)

① 대부업자 등이 제3조 제6항에 따른 등록유효기간 이후에도 계속하여 대부업 등 하려는 경우에는 시·도지사 등에게 유효기간 만료일 3개월 전부터 1개월 전까지 등록갱신을 신청하여야 한다. 〈개정 2015. 7. 24.〉

② 제1항에 따른 등록갱신신청을 받은 시·도지사 등은 신청인이 제3조의5의 요건을 갖춘 경우에는 제3조 제4항 제1호의 사항을 확인한 후 등록부에 제3조 제3항 각 호에 규정된 사항과 등록갱신일자·등록번호를 적고 지체 없이 신청인에게 등록증을 교부하여야 한다. 〈개정 2012. 12. 11., 2015. 7. 24.〉

③ 제1항에 따른 등록갱신과 관련하여 시·도지사 등은 유효기간 만료일 3개월 전까지 해당 대부업자 등에게 갱신절차와 기간 내에 갱신을 신청하지 아니하면 유효기간이 만료된다는 사실을 알려야 한다. 〈개정 2015. 7. 24.〉

④ 제1항 및 제2항에 따른 등록갱신 구체적 절차 등 대통령령으로 정한다. 〈개정 2015. 7. 24.〉

[본조신설 2009. 1. 21.]

제3조의3(등록증의 반납 등)

① 제5조 제2항에 따라 폐업하거나 제13조 제2항 따라 등록 취소된 대부업자 등은 지체 없이 시·도지사 등에게 등록증 반납하여야 한다. 〈개정 2015. 7. 24.〉

② 제13조 제1항에 따라 영업정지 명령을 받은 대부업자 등은 등록증을 반납하여야 하고, 시·도지사 등은 그 영업정지기간 동안 이를 보관하여야 한다. 〈개정 2015. 7. 24.〉

③ 제1항 및 제2항에 따라 등록증을 반납하여야 하는 대부업자 등은 등록증을 분실한 경우 제3조 제7항에 따라 분실신고를 하여야 한다. 〈개정 2015. 7. 24.〉

[본조신설 2009. 1. 21.]

제3조의4(대부업 등의 교육)

① 제3조 제1항 또는 제2항에 따라 대부업 등의 등록을 하려는 자, 제3조의2 제1항에 따라 대부업 등의 등록갱신을 신청하려는 자 및 제5조 제1항에 따라 대표자 또는 업무총괄 사용인에 대한 변경등록을 하려는 자는 미리 대부업 등의 준수사항 등에 관한 교육을 받아야 한다. 다만, 대통령령으로 정하는 부득이한 사유로 미리 교육을 받을 수 없는 경우에는 대부업 등의 등록, 등록갱

신 또는 변경등록 후 대통령령으로 정하는 기간 내에 교육을 받을 수 있다. 〈개정 2012. 12. 11., 2015. 7. 24.〉

② 제1항에 따른 교육의 실시기관, 대상, 내용, 방법 및 절차 등에 관하여 필요한 사항은 대통령령으로 정한다.

[본조신설 2009. 1. 21.]

제3조의5(등록요건 등)

① 제3조 제1항 따라 등록하려는 자는 다음 각 호의 요건을 갖추어야 한다.

1. 1천만 원 이상으로서 대통령령으로 정하는 금액 이상의 자기자본(법인이 아닌 경우에는 순자산액)을 갖출 것. 다만, 대부중개업만 하려는 자는 그러하지 아니하다.

2. 제3조의4에 따른 대부업 등의 교육 이수할 것. 다만, 제3조의4 제1항 단서에 따라 등록 후 교육을 받는 경우에는 등록 후 교육을 이수할 것

3. 대부업 등을 위하여 대통령령으로 정하는 고정사업장을 갖출 것

4. 대표자, 임원, 업무총괄 사용인이 제4조 제1항에 적합할 것

5. 등록 신청인이 법인인 경우에는 다음 각 목의 요건을 충족할 것

   가. 최근 5년간 제4조 제1항 제6호 각 목 규정 위반하여 벌금형 이상을 선고받은 사실이 없을 것

   나. 파산선고를 받고 복권되지 아니한 사실이 없을 것

   다. 최근 1년간 제5조 제2항에 따라 폐업한 사실이 없을 것 (둘 이상의 영업소를 설치한 경우에는 영업소 전부를 폐업한

경우를 말한다)

라. 최근 5년간 제13조 제2항에 따라 등록취소 처분을 받은 사실이나 제5조제2항에 따라 폐업하지 아니하였다면 등록취소 처분을 받았을 상당한 사유가 없을 것

② 제3조 제2항에 따라 등록하려는 자는 다음 각 호의 요건을 갖추어야 한다.

1. 신청인이 법인일 것

2. 1,000만 원 이상으로서 대통령령으로 정하는 금액 이상의 자기자본을 갖출 것. 다만, 대부중개업만을 하려는 자는 그러하지 아니하다.

3. 제1항 제2호, 제3호, 제5호의 요건을 갖출 것

4. 임원, 업무총괄 사용인이 제4조 제2항에 적합할 것

5. '전기통신사업법'에 따른 전기통신사업자, '사행산업통합감독위원회법'에 따른 사행산업 등 이해상충 가능성이 있거나 대부업 이용자의 권익 및 신용질서를 저해할 우려가 있는 업종으로서 대통령령으로 정하는 업을 하지 아니할 것

6. 대주주(최대주주가 법인인 경우에는 그 법인의 주요경영사항에 대하여 사실상 영향력을 행사하고 있는 주주로서 대통령령으로 정하는 자를 포함한다)가 대통령령으로 정하는 사회적 신용을 갖출 것

7. 그 밖에 대통령령으로 정하는 사회적 신용을 갖출 것

[본조신설 2015. 7. 24.]

한 권으로 끝내는 대부업, 대부중개업 창업 가이드북

제4조(임원 등의 자격)

① 다음 각 호의 어느 하나에 해당하는 자는 시·도지사에 등록된 대부업자 등의 대표자, 임원 또는 업무총괄 사용인이 될 수 없다. 다만, 업무총괄 사용인의 경우에는 제1호부터 제6호까지의 어느 하나에 해당하는 경우로 한정한다. 〈개정 2009. 4. 1., 2010. 1. 25., 2012. 12. 11., 2015. 3. 11., 2015. 7. 24.〉

1. 미성년자·피성년후견인 또는 피한정후견인

2. 파산선고를 받고 복권되지 아니한 자

3. 금고 이상의 실형을 선고받고 그 집행이 끝나거나(집행이 끝난 것으로 보는 경우를 포함한다) 면제된 날부터 5년이 지나지 아니한 자

4. 금고 이상의 형의 집행유예를 선고받고 그 유예기간 중에 있는 자

5. 금고 이상의 형의 선고유예를 받고 그 유예기간 중에 있는 자

6. 다음 각 목 어느 하나 해당하는 규정 위반하여 벌금형 선고받고 5년이 지나지 아니한 자

가. 이 법의 규정

나. '형법' 제257조 제1항, 제260조 제1항, 제276조 제1항, 제283조 제1항, 제319조, 제350조 또는 제366조(각각 채권추심과 관련된 경우만 해당한다)

다. '폭력행위 등 처벌에 관한 법률'의 규정(채권추심과 관련된 경우만 해당한다)

라. '신용정보의 이용 및 보호에 관한 법률' 제50조 제1항부

터 제3항까지의 규정

　　마. '채권의 공정한 추심에 관한 법률'의 규정

　　바. '개인정보 보호법' 제71조, 제72조 또는 제73조

　　　　6의2. 제5조 제2항에 따라 폐업한 날부터 1년이 지나지 아니한 자(둘 이상의 영업소를 설치한 경우에는 등록된 영업소 전부를 폐업한 경우를 말한다)

　7. 제13조 제2항에 따라 등록취소 처분을 받은 후 5년이 지나지 아니한 자 또는 제5조 제2항에 따라 폐업하지 아니하였다면 등록취소 처분을 받았을 상당한 사유가 있는 경우에는 폐업 후 5년이 지나지 아니한 자(등록취소 처분을 받은 자 또는 등록취소 처분을 받았을 상당한 사유가 있는 자가 법인인 경우에는 그 취소 사유 또는 등록취소 처분을 받았을 상당한 사유의 발생에 직접 책임이 있는 임원을 포함한다)

　8. 삭제 〈2015. 7. 24.〉

② 다음 각 호의 어느 하나에 해당하는 자는 금융위원회에 등록한 대부업자 등의 임원 또는 업무총괄 사용인이 될 수 없다. 〈신설 2015. 7. 24.〉

　1. 제1항 각 호의 어느 하나에 해당하는 자

　2. 대통령령으로 정하는 금융관련 법령(이하 '금융관련법령'이라 한다)을 위반하여 벌금 이상의 형을 선고받고 그 집행이 끝나거나(집행이 끝난 것으로 보는 경우를 포함한다) 집행이 면제된 날부터 5년이 지나지 아니한 자

　3. 금융관련법령에 따라 영업의 허가·인가·등록 등이 취소된

법인 또는 회사의 임직원이었던 자(그 취소사유의 발생에 관하여 직접 또는 이에 상응하는 책임이 있는 자로서 대통령령으로 정하는 자에 한정한다)로서 그 법인 또는 회사에 대한 취소가 있는 날부터 5년이 경과되지 아니한 자

4. 이 법, 금융관련법령에 따라 해임되거나 면직된 날부터 5년이 지나지 아니한 자

5. 재임 또는 재직 중이었더라면 이 법 또는 금융관련법령에 따라 해임요구 또는 면직요구의 조치를 받았을 것으로 통보된 퇴임한 임원 또는 퇴직한 직원으로서 그 통보된 날부터 5년(통보된 날부터 5년이 퇴임 또는 퇴직한 날부터 7년을 초과하는 경우에는 퇴임 또는 퇴직한 날부터 7년으로 한다)이 경과되지 아니한 자

③ 임원 또는 업무총괄 사용인이 된 후에 제1항 각 호 또는 제2항 각 호에 해당하게 된 경우에는 그 직을 잃는다. 〈신설 2015. 7. 24.〉

[전문개정 2009. 1. 21.]

[제목개정 2015. 7. 24.]

제5조(변경등록 등)

① 대부업자 등은 제3조 제3항 각 호의 기재사항이 변경된 경우에는 그 사유가 발생한 날부터 15일 이내에 대통령령으로 정하는 바에 따라 변경된 내용을 시·도지사 등에게 변경등록하여야 한다. 다만, 대통령령으로 정하는 경미한 사항이 변경된 경우는 제외한다. 〈개정 2015. 7. 24.〉

② 대부업자 등이 폐업할 때에는 대통령령으로 정하는 바에 따라

시·도지사 등에게 신고하여야 한다. 〈개정 2015. 7. 24.〉

③ 제1항 및 제2항에 따른 변경등록 및 폐업신고와 관련한 세부적인 사항은 대통령령으로 정한다. 〈개정 2015. 7. 24.〉

[전문개정 2009. 1. 21.]

제5조의2(상호 등)

① 대부업자(대부중개업을 겸영하는 대부업자를 포함한다)는 그 상호 중에 '대부'라는 문자를 사용하여야 한다.

② 대부중개업만을 하는 대부중개업자는 그 상호 중에 '대부중개'라는 문자를 사용하여야 한다.

③ 대부업 등 외의 다른 영업을 겸영하는 대부업자 등으로서 총영업수익 중 대부업 등에서 생기는 영업수익의 비율 등을 고려하여 대통령령으로 정하는 기준에 해당하는 자는 제1항 및 제2항에도 불구하고 그 상호 중에 '대부' 및 '대부중개'라는 문자를 사용하지 아니할 수 있다.

④ 이 법에 따른 대부업자 등이 아닌 자는 그 상호 중에 대부, 대부중개 또는 이와 유사한 상호를 사용하지 못한다. 〈신설 2015. 7. 24.〉

⑤ 대부업자 등은 타인에게 자기의 명의로 대부업 등을 하게 하거나 그 등록증을 대여해서는 아니 된다. 〈개정 2015. 7. 24.〉

[전문개정 2009. 1. 21.]

제5조의3(업무총괄 사용인 등)

① 대부업자 등은 영업소마다 업무총괄 사용인을 두어야 한다. 다

만, 등록 신청인이 개인인 경우로서 단일 영업소를 두고 있는 경우에는 업무총괄 사용인을 두지 아니할 수 있다.

② 업무총괄 사용인의 업무범위 등에 관한 세부적인 사항은 대통령령으로 정한다.

[본조신설 2012. 12. 11.]

제6조(대부계약의 체결 등)

① 대부업자가 그의 거래 상대방과 대부계약을 체결하는 경우에는 거래 상대방이 본인임을 확인하고 다음 각 호의 사항이 적힌 대부계약서를 거래 상대방에게 교부하여야 한다. 〈개정 2010. 1. 25., 2014. 1. 1., 2017. 4. 18.〉

1. 대부업자(그 영업소를 포함한다) 및 거래 상대방의 명칭 또는 성명 및 주소 또는 소재지

2. 계약일자

3. 대부금액

3의2. 제8조 제1항에 따른 최고이자율

4. 대부이자율(제8조 제2항에 따른 이자율의 세부내역 및 연 이자율로 환산한 것을 포함한다)

5. 변제 기간 및 변제 방법

6. 제5호의 변제 방법이 계좌이체 방식인 경우에는 변제를 받기 위한 대부업자 명의의 계좌번호

7. 해당 거래에 관한 모든 부대비용

8. 손해배상액 또는 강제집행에 관한 약정이 있는 경우에는 그 내용

9. 보증계약을 체결한 경우에는 그 내용

10. 채무의 조기상환수수료율 등 조기상환조건

11. 연체이자율

12. 그 밖에 대부업자의 거래 상대방을 보호하기 위하여 필요한 사항으로서 대통령령으로 정하는 사항

② 대부업자는 제1항에 따라 대부계약을 체결하는 경우에는 거래 상대방에게 제1항 각 호의 사항을 모두 설명하여야 한다.

③ 대부업자가 대부계약과 관련하여 보증계약을 체결하는 경우에는 다음 각 호의 사항이 적힌 보증계약서 및 제1항에 따른 대부계약서 사본을 보증인에게 교부하여야 한다.

1. 대부업자(그 영업소를 포함한다)·주채무자 및 보증인 명칭 또는 성명 및 주소 또는 소재지

2. 계약일자

3. 보증 기간

4. 피보증채무의 금액

5. 보증의 범위

6. 보증인이 주채무자와 연대하여 채무를 부담하는 경우에는 그 내용

7. 그 밖에 보증인을 보호하기 위하여 필요한 사항으로서 대통령령으로 정하는 사항

④ 대부업자는 대부계약과 관련하여 보증계약을 체결하는 경우에는 보증인에게 제3항 각 호의 사항을 모두 설명하여야 한다.

⑤ 대부업자는 제1항에 따른 대부계약을 체결하거나 제3항에 따른

보증계약을 체결한 경우에는 그 계약서와 대통령령으로 정하는 계약관계서류(대부업자의 거래 상대방 또는 보증인이 채무를 변제하고 계약서 및 계약관계서류의 반환을 서면으로 요구함에 따라 이를 반환한 경우에는 그 사본 및 반환요구서를 말한다. 이하 같다)를 대부계약 또는 보증계약을 체결한 날부터 채무변제일 이후 2년이 되는 날까지 보관하여야 한다.

⑥ 대부계약 또는 그와 관련된 보증계약을 체결한 자 또는 그 대리인은 대부업자에게 그 계약서와 대통령령으로 정하는 계약관계서류 열람을 요구하거나 채무 및 보증채무와 관련된 증명서의 발급을 요구할 수 있다. 이 경우 대부업자는 정당한 사유 없이 이를 거부하여서는 아니 된다. 〈개정 2014. 3. 18.〉

[전문개정 2009. 1. 21.]

제6조의2(중요 사항의 자필 기재)

① 대부업자는 그의 거래상대방과 대부계약을 체결하는 경우에는 다음 각 호의 사항을 그 거래상대방이 자필로 기재하게 하여야 한다.

1. 제6조 제1항 제3호의 대부금액

2. 제6조 제1항 제4호의 대부이자율

3. 제6조 제1항 제5호의 변제기간

4. 그 밖에 대부업자 거래상대방 보호하기 위하여 필요한 사항으로서 대통령령 정하는 사항

② 대부업자는 대부계약과 관련하여 보증계약을 체결하는 경우에는

다음 각 호의 사항을 그 보증인이 자필로 기재하게 하여야 한다.

1. 제6조제3항제3호의 보증기간

2. 제6조제3항제4호의 피보증채무의 금액

3. 제6조제3항제5호의 보증의 범위

4. 그 밖에 보증인을 보호하기 위하여 필요한 사항으로서 대통령령으로 정하는 사항

③ 대부계약 또는 이와 관련된 보증계약을 체결할 때 다음 각 호의 어느 하나에 해당하는 경우에는 대부업자는 제1항 각 호의 사항 또는 제2항 각 호의 사항을 거래상대방 또는 보증인이 자필로 기재하게 한 것으로 본다. 〈개정 2020. 6. 9.〉

1. '전자서명법' 제2조 제6호에 따른 인증서(서명자의 실지명의를 확인할 수 있는 것을 말한다)를 이용하여 거래상대방 또는 보증인이 본인인지 여부를 확인하고, 인터넷을 이용하여 제1항 각 호의 사항 또는 제2항 호의 사항을 거래상대방 또는 보증인이 직접 입력하게 하는 경우

2. 그 밖에 거래상대방 또는 보증인이 본인인지 여부 및 제1항 각 호의 사항 또는 제2항 각 호의 사항에 대한 거래상대방 또는 보증인의 동의 의사를 음성 녹음 등 대통령령으로 정하는 방법으로 확인하는 경우

[본조신설 2009. 1. 21.]

제7조(과잉 대부의 금지)

① 대부업자는 대부계약을 체결하려는 경우에는 미리 거래 상대방

으로부터 그 소득·재산 및 부채 상황에 관한 것으로서 대통령령으로 정하는 증명서류를 제출받아 그 거래 상대방의 소득·재산 및 부채상황을 파악하여야 한다. 다만, 대부금액이 대통령령으로 정하는 금액 이하인 경우에는 그러하지 아니하다.

② 대부업자는 거래 상대방의 소득·재산·부채상황·신용 및 변제계획 등을 고려하여 객관적인 변제능력을 초과하는 대부계약을 체결하여서는 아니 된다.

③ 대부업자는 제1항에 따른 서류를 거래 상대방의 소득·재산 및 부채상황을 파악하기 위한 용도 외의 목적으로 사용하여서는 아니 된다.

제7조의2(담보제공 확인의무)

대부업자는 대부계약을 체결하고자 하는 자가 제3자의 명의로 된 담보를 제공하는 경우 그 제3자에게 담보제공 여부를 확인하여야 한다.
[본조신설 2010. 1. 25.]

제7조의3(총자산한도)

① 금융위원회에 등록한 대부업자는 총자산이 자기자본의 10배의 범위에서 대통령령으로 정하는 배수(이하 '총자산한도'라 한다)에 해당하는 금액을 초과해서는 아니 된다.

② 총자산한도의 산정기준 등 세부적인 사항은 대통령령으로 정한다.
[본조신설 2015. 7. 24.]

제8조(대부업자의 이자율 제한)

① 대부업자가 개인이나 '중소기업기본법' 제2조 제2항에 따른 소기업(小企業)에 해당하는 법인에 대부를 하는 경우, 그 이자율은 연 100분의 27.9 이하의 범위에서 대통령령으로 정하는 율을 초과할 수 없다.

② 제1항에 따른 이자율을 산정할 때 사례금, 할인금, 수수료, 공제금, 연체이자, 체당금(替當金) 등 그 명칭이 무엇이든 대부와 관련하여 대부업자가 받는 것은 모두 이자로 본다. 다만, 해당 거래 체결과 변제에 관한 부대비용으로서 대통령령으로 정한 사항은 그러하지 아니하다.

③ 대부업자가 개인이나 '중소기업기본법' 제2조 제2항에 따른 소기업(小企業)에 해당하는 법인에 대부를 하는 경우 대통령령으로 정하는 율을 초과하여 대부금에 대한 연체이자를 받을 수 없다. 〈신설 2018. 12. 24.〉

④ 대부업자가 제1항을 위반하여 대부계약을 체결한 경우 제1항에 따른 이자율을 초과하는 부분에 대한 이자계약은 무효로 한다. 〈개정 2018. 12. 24.〉

⑤ 채무자가 대부업자에게 제1항과 제3항에 따른 이자율을 초과하는 이자를 지급한 경우 그 초과 지급된 이자 상당 금액은 원본(元本)에 충당되고, 원본에 충당되고 남은 금액이 있으면 그 반환을 청구할 수 있다. 〈개정 2018. 12. 24.〉

⑥ 대부업자가 선이자를 사전에 공제하는 경우에는 그 공제액을 제외하고 채무자가 실제로 받은 금액을 원본으로 하여 제1항에

따른 이자율을 산정한다. 〈개정 2018. 12. 24.〉

[본조신설 2016. 3. 3.]

제9조(대부조건의 게시와 광고)

① 대부업자는 등록증, 대부이자율, 이자계산방법, 변제방법, 연체이자율, 그 밖에 대통령령으로 정하는 중요 사항을 일반인이 알 수 있도록 영업소마다 게시하여야 한다. 〈개정 2010. 1. 25., 2012. 12. 11.〉

② 대부업자가 대부조건 등에 관하여 표시 또는 광고('표시·광고의 공정화에 관한 법률'에 따른 표시 또는 광고를 말한다. 이하 '광고'라 한다)를 하는 경우에는 다음 각 호의 사항을 포함하여야 한다. 〈개정 2012. 12. 11., 2017. 4. 18., 2020. 2. 4.〉

1. 명칭 또는 대표자 성명

2. 대부업 등록번호

3. 대부이자율(연 이자율로 환산한 것을 포함한다) 및 연체이자율

4. 이자 외에 추가비용이 있는 경우 그 내용

5. 채무의 조기상환 수수료율 등 조기상환조건

6. 과도한 채무의 위험성 및 대부계약과 관련된 신용등급 또는 개인신용평점의 하락 가능성을 알리는 경고문구 및 그 밖에 대부업자의 거래 상대방을 보호하기 위하여 필요한 사항으로서 대통령령으로 정하는 사항

③ 대부중개업자가 대부조건 등에 관하여 광고를 하는 경우에는 다음 각 호의 사항을 포함하여야 한다. 〈개정 2012. 12. 11., 2017.

4. 18., 2020. 2. 4.〉

1. 명칭 또는 대표자 성명

2. 대부중개업 등록번호

3. 중개를 통하여 대부를 받을 경우 그 대부이자율(연 이자율로 환산한 것을 포함한다) 및 연체이자율

4. 이자 외에 추가비용이 있는 경우 그 내용

5. 채무의 조기 상환수수료율 등 조기상환조건

6. 과도한 채무의 위험성 및 대부계약과 관련된 신용등급 또는 개인신용평점의 하락 가능성을 알리는 경고문구 및 그 밖에 대부중개업자의 거래 상대방을 보호하기 위하여 필요한 사항으로서 대통령령으로 정하는 사항

④ 대부업자 등은 제2항 또는 제3항에 따라 광고를 하는 경우에는 일반인이 제2항 각 호의 사항 또는 제3항 각 호의 사항을 쉽게 알 수 있도록 대통령령으로 정하는 방식에 따라 광고의 문안과 표기를 하여야 한다.

⑤ 대부업자 등은 다음 각 호에 따른 시간에는 '방송법' 제2조 제1호에 따른 방송을 이용한 광고를 하여서는 아니 된다. 〈신설 2015. 7. 24.〉

1. 평일 : 오전 7시부터 오전 9시까지 및 오후 1시부터 오후 10시까지

2. 토요일과 공휴일 : 오전 7시부터 오후 10시까지

   [전문개정 2009. 1. 21.]

제9조의2(대부업 등에 관한 광고 금지)

① 대부업자 또는 여신금융기관이 아니면 대부업에 관한 광고를 하여서는 아니 된다.

② 대부중개업자 또는 대출모집인이 아니면 대부중개업에 관한 광고를 하여서는 아니 된다. 〈개정 2012. 12. 11.〉

[전문개정 2009. 1. 21.]

제9조의3(허위·과장 광고의 금지 등)

① 대부업자 등은 다음 각 호의 행위를 하여서는 아니 된다.

  1. 대부이자율, 대부 또는 대부중개 받을 수 있는 거래상대방, 대부중개를 통하여 대부할 대부업자, 그 밖에 대부 또는 대부중개의 내용에 관하여 다음 각 목의 방법으로 광고하는 행위

  가. 사실과 다르게 광고하거나 사실을 지나치게 부풀리는 방법

  나. 사실을 숨기거나 축소하는 방법

  다. 비교의 대상 및 기준을 명시하지 아니하거나, 객관적인 근거 없이 자기의 대부 또는 대부중개가 다른 대부업자 등 대부 또는 대부중개보다 유리하다고 주장하는 방법

  2. 대부 또는 대부중개를 받을 수 있는 것으로 오인하게 하거나 유인하여 다음 각 목의 방법으로 광고하는 행위

  가. 이 법 또는 다른 법률을 위반하는 방법

  나. 타인의 재산권을 침해하는 방법

  3. 그 밖에 대부업자 등의 거래상대방을 보호하거나 불법 거래를 방지하기 위하여 필요한 경우로서 대통령령으로 정하는

광고 행위

② 시·도지사는 제1항을 위반한 대부업자 등에게 제21조에 따라 과태료를 부과한 경우에는 지체 없이 그 내용을 공정거래위원회에 알려야 한다.

[본조신설 2009. 1. 21.]

제9조의4(미등록 대부업자로부터의 채권양수·추심 금지 등)

① 대부업자는 제3조에 따른 대부업의 등록 또는 제3조의2에 따른 등록갱신을 하지 아니하고 사실상 대부업을 하는 자(이하 '미등록 대부업자'라 한다)로부터 대부계약에 따른 채권을 양도받아 이를 추심하는 행위를 하여서는 아니 된다. 〈개정 2012. 12. 11.〉

② 대부업자는 제3조에 따른 대부중개업의 등록 또는 제3조의2에 따른 등록갱신을 하지 아니하고 사실상 대부중개업을 하는 자(이하 '미등록 대부중개업자'라 한다)로부터 대부중개를 받은 거래상대방에게 대부 하여서는 아니 된다. 〈신설 2012. 12. 11.〉

③ 대부업자 또는 여신금융기관은 제3조 제2항 제2호에 따라 등록한 대부업자, 여신금융기관 등 대통령령으로 정한 자가 아닌 자에게 대부계약에 따른 채권을 양도하여서는 아니 된다. 〈신설 2015. 7. 24.〉

[본조신설 2009. 1. 21.]

[제목개정 2012. 12. 11.]

제9조의5(고용 제한 등)

① 대부업자 등은 다음 각 호의 어느 하나에 해당하는 사람을 고용하여서는 아니 된다. 〈개정 2015. 7. 24.〉

  1. '폭력행위 등 처벌에 관한 법률' 제4조에 따라 금고 이상의 형을 선고받고 그 집행이 끝나거나(집행이 끝난 것으로 보는 경우를 포함한다) 면제된 날부터 5년이 지나지 아니한 사람

  2. 제4조 제1항 제6호 각 목의 어느 하나에 해당하는 규정을 위반하여 다음 각 목의 어느 하나에 해당하는 사람

    가. 금고 이상의 실형을 선고받고 그 집행이 끝나거나(집행이 끝난 것으로 보는 경우를 포함한다) 면제된 날부터 2년이 지나지 아니한 사람

    나. 금고 이상의 형의 집행유예 또는 선고유예를 선고받고 그 유예기간 중에 있는 사람

    다. 벌금형을 선고받고 2년이 지나지 아니한 사람

② 대부업자 등은 제1항 각 호의 어느 하나에 해당하는 사람에게 대부업 등의 업무를 위임하거나 대리하게 하여서는 아니 된다.

[본조신설 2010. 1. 25.]

제9조의6(불법 대부광고에 사용된 전화번호의 이용중지 등)

① 시·도지사 등 대통령령으로 정하는 자는 제9조의2 제1항 및 제2항을 위반한 광고를 발견한 때에는 과학기술정보통신부장관에게 해당 광고에 사용된 전화번호에 대한 전기통신역무 제공의 중지를 요청할 수 있다. 〈개정 2017. 7. 26.〉

② 시·도지사 등은 제9조 제2항부터 제4항까지 또는 제9조의3 제1 항을 위반한 광고를 발견한 경우 광고를 한 자에게 기한을 정하여 해당 광고의 중단을 명할 수 있으며, 그 명을 따르지 아니하는 경우에는 과학기술정보통신부장관에게 광고에 사용된 전화번호에 대한 전기통신역무 제공의 중지를 요청할 수 있다. 〈개정 2015. 7. 24., 2017. 7. 26.〉

③ 제1항 또는 제2항에 따른 요청으로 전기통신역무 제공이 중지된 이용자는 전기통신역무 제공의 중지를 요청한 기관에 이의신청을 할 수 있다.

④ 제3항에 따른 이의신청의 절차 등에 필요한 사항은 대통령령으로 정한다.

[본조신설 2014. 3. 18.]

제9조의7(대부업 이용자 보호기준)

① 금융위원회에 등록한 대부업자 등으로서 대통령령으로 정하는 자산규모 이상인 자는 법령을 지키고 거래상대방을 보호하기 위하여 임직원이 그 직무를 수행할 때 따라야 할 기본적인 절차와 기준(이하 '보호기준'이라 한다) 정하여야 한다.

② 제1항에 따라 보호기준을 정하는 대부업자 등은 보호기준을 지키는지를 점검하고, 보호기준을 위반하는 경우 이를 조사하여 감사(監査)하는 자(이하 '보호감시인'이라 한다)를 1명 이상 두어야 한다.

③ 제1항에 따른 대부업자 등은 보호감시인을 임면하려면 이사회

의 결의를 거쳐야 한다.

④ 보호 감시인은 다음 각 호의 요건을 충족한 자이어야 하며, 보호
감시인이 된 후 제2호 또는 제3호의 요건을 충족하지 못한 경우
에는 그 직을 상실한다.

1. 다음 각 목의 어느 하나에 해당하는 경력이 있는 자일 것

　　가. 한국은행 또는 '금융위원회의 설치 등에 관한 법률' 제38
조에 따른 검사 대상 기관(이에 상당하는 외국금융기관을 포
함한다)에서 10년 이상 근무한 경력이 있는 자

　　나. 금융 또는 법학 분야의 석사 이상의 학위소지자로서 연구
기관 또는 대학에서 연구원 또는 전임강사 이상의 직에서
5년 이상 근무한 경력이 있는 자

　　다. 변호사 자격을 가진 자로서 해당 자격과 관련된 업무 합
산하여 5년 이상 종사한 경력이 있는 자

　　라. 기획재정부, 금융위원회, '금융위원회의 설치 등에 관한
법률'에 따라 설립된 금융감독원(이하 '금융감독원'이라 한
다) 또는 같은 법에 따른 증권선물위원회에서 5년 이상
근무한 경력이 있는 자로서 그 기관에서 퇴임하거나 퇴
직한 후 5년이 지난 자

　　마. 그 밖에 대부업 이용자 보호를 위하여 대통령령으로 정
하는 자

2. 제4조 제2항 각 호의 어느 하나에 해당되지 아니하는 자일 것

3. 최근 5년간 이 법, 금융관련법령 위반하여 금융위원회 또는 금
융감독원 원장(이하 '금융감독원장'이라 한다)으로부터 주의·경

고의 요구 이상에 해당하는 조치를 받은 사실이 없는 자일 것

⑤ 보호기준 및 보호감시인에 관하여 필요한 사항은 대통령령으로 정한다.

[본조신설 2015. 7. 24.]

제9조의8(차별금지)

대부업자는 대부계약 체결하는 경우에 정당한 사유 없이 성별·학력·장애·사회적 신분 등 이유로 계약조건에 관하여 거래상대방을 부당하게 차별하여서는 아니 된다.

[본조신설 2020. 3. 24.]

제10조(대주주와의 거래제한 등)

① 제3조 제2항 제3호에 따라 등록한 대부업자(이하 '상호출자제한기업집단 대부업자'라 한다)가 그 대주주(최대주주의 특수관계인을 포함한다. 이하 이 조에서 같다)에게 제공할 수 있는 대부, 지급보증 또는 자금 지원적 성격의 유가증권의 매입, 그 밖에 금융거래상의 신용위험이 따르는 대부업자의 직접적·간접적 거래로서 대통령령으로 정하는 것(이하 '신용공여'라 한다)의 합계액은 그 대부업자의 자기자본의 100분의 100을 넘을 수 없으며, 대주주는 그 대부업자로부터 그 한도를 넘겨 신용공여를 받아서는 아니 된다.

② 상호출자제한기업집단 대부업자는 그 대주주에게 대통령령으로 정하는 금액 이상으로 신용공여를 하려는 경우에는 그 사실

을 금융위원회에 지체 없이 보고하고, 인터넷 홈페이지 등을 이용하여 공시하여야 한다.

③ 상호출자제한기업집단 대부업자는 추가적인 신용공여를 하지 아니하였음에도 불구하고 자기자본의 변동, 대주주의 변경 등으로 제1항에 따른 한도를 넘게 되는 경우에는 대통령령으로 정하는 기간 이내에 제1항에 따른 한도에 적합하도록 하여야 한다.

④ 제3항에도 불구하고 상호출자제한기업집단 대부업자는 신용공여의 기한 및 규모 등에 따른 부득이한 사유가 있으면 금융위원회의 승인을 받아 그 기간을 연장할 수 있다.

⑤ 제4항에 따른 승인을 받으려는 상호출자제한기업집단 대부업자는 제3항에 따른 기간이 만료되기 3개월 전까지 제1항에 따른 한도에 적합하도록 하기 위한 세부계획서를 금융위원회에 제출하여야 한다.

⑥ 금융위원회는 제5항에 따라 세부계획서를 제출받은 날부터 1개월 이내에 승인 여부를 결정·통보하여야 한다. 다만, 자료보완 등 필요한 경우에는 그 기간을 연장할 수 있다.

⑦ 여신금융기관이 최대주주인 대부업자는 제1항에도 불구하고 그 대주주에게 신용공여를 할 수 없으며, 대주주는 그 대부업자로부터 신용공여를 받아서는 아니 된다.

⑧ 금융위원회는 대부업자 또는 그 대주주가 제1항부터 제7항까지의 규정을 위반한 혐의가 있다고 인정되는 경우에는 대부업자 또는 그 대주주에게 필요한 자료의 제출을 명할 수 있다.

제10조의2(채권추심자의 소속·성명 명시 의무)

대부계약에 따른 채권의 추심을 하는 자는 채무자 또는 그의 관계
인에게 그 소속과 성명을 밝혀야 한다.

[본조신설 2009. 1. 21.]

제11조(미등록 대부업자의 이자율 제한)

① 미등록 대부업자가 대부를 하는 경우의 이자율에 관하여는 '이
   자제한법' 제2조 제1항 및 이 법 제8조 제2항부터 제6항까지의
   규정을 준용한다. 〈신설 2016. 3. 3., 2018. 12. 24.〉

② 삭제 〈2012. 12. 11.〉

   [전문개정 2009. 1. 21.]

   [제목개정 2012. 12. 11.]

제11조의2(중개의 제한 등)

① 대부중개업자는 미등록 대부업자에게 대부중개를 하여서는 아니
   된다.

② 대부중개업자 및 대출모집인(이하 '대부중개업자 등'이라 한다)과
   미등록 대부중개업자는 수수료, 사례금, 착수금 등 그 명칭이 무
   엇이든 대부중개와 관련하여 받는 대가(이하 '중개수수료'라 한다)
   를 대부를 받는 거래상대방으로부터 받아서는 아니 된다. 〈개정
   2012. 12. 11.〉

③ 대부업자가 개인이나 대통령령으로 정하는 소규모 법인에 대부하는 경우 대부중개업자 등에게 지급하는 중개수수료는 해당 대부금액의 100분의 5의 범위에서 대통령령으로 정하는 율에 해당하는 금액을 초과할 수 없다. 〈신설 2012. 12. 11.〉

④ 여신금융기관이 대부중개업자 등에게 중개수수료 지급하는 경우의 중개수수료 상한에 관하여는 제3항을 준용한다. 〈신설 2012. 12. 11.〉

⑤ 금융위원회는 제4항을 위반하여 중개수수료를 지급한 여신금융기관에 대하여 그 시정을 명할 수 있다. 〈신설 2012. 12. 11.〉

⑥ 대부중개업자 등은 대부업자 또는 여신금융기관으로부터 제3항 및 제4항에 따른 금액을 초과하는 중개수수료 지급받아서는 아니 된다. 〈신설 2012. 12. 11.〉

[전문개정 2009. 1. 21.]

제11조의3(대부중개를 위탁한 대부업자 또는 여신금융기관의 배상책임)

① 대부업자 또는 여신금융기관은 대부중개업자 등이 그 위탁받은 대부중개를 하면서 이 법을 위반하여 거래상대방에게 손해를 발생시킨 경우에는 그 손해를 배상할 책임이 있다. 다만, 대부업자 또는 여신금융기관이 대부중개업자 등에게 대부중개 위탁하면서 상당한 주의를 하였고 이들이 대부중개를 하면서 거래상대방에게 손해 입히는 것을 막기 위하여 노력한 경우에는 그러하지 아니하다.

② 제1항은 해당 대부중개업자 등에 대한 대부업자 또는 여신금융

기관의 구상권 행사를 방해하지 아니한다.

제11조의4(거래상대방에 대한 배상책임)

① 대부업자 등은 대부업 등을 하면서 고의 또는 과실로 인한 위법행위로 거래상대방에게 손해를 발생시킨 경우에는 그 손해를 배상할 책임이 있다.

② 대부업자 등은 업무를 개시하기 전에 제1항에 따른 손해배상책임을 보장하기 위하여 대통령령으로 정하는 바에 따라 보증금을 예탁하거나 보험 또는 공제에 가입하여야 한다.

[본조신설 2015. 7. 24.]

제12조(검사 등)

① 시·도지사 등은 대부업자 등에게 그 업무 및 업무와 관련된 재산에 관하여 보고하게 하거나 자료의 제출, 그 밖에 필요한 명령을 할 수 있다. 〈개정 2015. 7. 24.〉

② 시·도지사 또는 금융감독원장은 소속 공무원 또는 소속 직원(금융위원회에 등록한 대부업자 등에 대한 검사로 한정한다)에게 그 영업소에 출입하여 그 업무 및 업무와 관련된 재산에 관하여 검사하게 할 수 있다. 〈개정 2015. 7. 24.〉

③ 시·도지사는 대부업자 등에 대한 전문적인 검사가 필요한 경우로서 대통령령으로 정하는 경우에는 제2항에도 불구하고 금융감독원장에게 대부업자 등에 대한 검사를 요청할 수 있다. 〈개정 2015. 7. 24.〉

④ 삭제 〈2015. 7. 24.〉

⑤ 금융감독원장은 제2항 및 제3항에 따른 검사에 필요하다고 인정하면 대부업자 등에 대하여 업무 및 업무와 관련된 재산에 관한 보고, 자료의 제출, 관계자의 출석 및 의견의 진술을 요구할 수 있다. 〈개정 2015. 7. 24.〉

⑥ 제2항 및 제3항에 따라 출입·검사를 하는 자는 그 권한을 표시하는 증표를 지니고 이를 관계인에게 내보여야 한다. 〈개정 2015. 7. 24.〉

⑦ 시·도지사 등은 제1항부터 제3항까지의 규정에 따른 보고 또는 검사 결과에 따라 필요하면 대부업자 등에게 시정명령 등 감독상 필요한 명령을 할 수 있다. 〈개정 2015. 7. 24.〉

⑧ 금융감독원장이 제2항에 따른 검사를 한 경우에는 그 보고서를 금융위원회에 제출하여야 한다. 이 경우 이 법 또는 이 법에 따른 명령이나 처분을 위반한 사실이 있을 때에는 그 처리에 관한 의견서를 첨부하여야 한다. 〈개정 2015. 7. 24.〉

⑨ 대부업자 등은 다음 각 호 구분에 따른 사항을 적은 보고서를 대통령령으로 정하는 기간마다 대통령령으로 정하는 절차와 방법에 따라 관할 시·도지사 등에게 제출하여야 한다. 〈개정 2015. 7. 24.〉

1. 대부업자의 경우

　가. 대부금액

　나. 대부를 받은 거래상대방의 수

　다. 그 밖에 영업소 업무현황 파악하기 위하여 필요한 사항으

로서 대통령령으로 정하는 사항

2. 대부중개업자의 경우

　가. 대부를 중개한 금액

　나. 대부를 중개한 거래상대방의 수

　다. 그 밖에 영업소 업무현황 파악하기 위하여 필요한 사항으로서 대통령령으로 정하는 사항

　[전문개정 2009. 1. 21.]

제13조(영업정지 및 등록취소 등)

① 시·도지사 등은 대부업자 등이 다음 각 호의 어느 하나에 해당하면 그 대부업자 등에게 대통령령으로 정하는 기준에 따라 1년 이내의 기간을 정하여 그 영업의 전부 또는 일부의 정지를 명할 수 있다. 〈개정 2009. 2. 6., 2015. 7. 24., 2016. 3. 3.〉

1. 별표 1 각 호의 어느 하나에 해당하는 경우, '채권의 공정한 추심에 관한 법률' 제5조 제1항, 제7조부터 제9조까지, 제10조 제1항 및 제11조부터 제13조까지를 위반한 경우

2. 대부업자 등의 영업소 중 같은 시·도지사에게 등록한 다른 영업소가 영업정지 처분을 받은 경우

② 시·도지사 등은 대부업자 등이 다음 각 호의 어느 하나에 해당하면 그 대부업자 등의 등록을 취소할 수 있다. 다만, 제1호에 해당하면 등록을 취소하여야 한다. 〈개정 2010. 1. 25., 2015. 7. 24.〉

1. 속임수나 그 밖의 부정한 방법 제3조 또는 제3조의2에 따른 등록 또는 등록갱신을 한 경우

2. 제3조의5 제1항 제3호의 요건을 충족하지 아니한 경우

2의2. 시·도지사에 등록한 대부업자 등이 제3조의5 제1항 제5호가목 또는 나목의 요건을 충족하지 아니한 경우

2의3. 금융위원회에 등록한 대부업자 등이 제3조의5 제1항 제5호 가목, 나목 또는 같은 조 제2항 제5호 또는 제6호의 요건을 충족하지 아니한 경우

2의4. 시·도지사에 등록한 대부업자 등의 대표자가 제4조 제1항 각 호에 해당하는 경우

3. 6개월 이상 계속하여 영업실적이 없는 경우

4. 제1항에 따른 영업정지 명령을 위반한 경우

5. 제1항에 따라 영업정지 명령을 받고도 그 영업정지 기간 이내에 영업정지 처분 사유를 시정하지 아니하여 동일한 사유로 제1항에 따른 영업정지 처분을 대통령령으로 정하는 횟수 이상 받은 경우

6. 대부업자 등의 소재를 확인할 수 없는 경우로서 시·도지사 등이 대통령령으로 정하는 바에 따라 소재 확인을 위한 공고를 하고 그 공고일부터 30일이 지날 때까지 그 대부업자 등으로부터 통지가 없는 경우

7. 대부업자 등이 제1항 제1호에 해당하는 경우로서 대부업자 등의 거래상대방의 이익을 크게 해칠 우려가 있는 경우

8. 해당 대부업자 등의 영업소 중 같은 시·도지사에게 등록한 다른 영업소가 등록취소 처분을 받은 경우

③ 시·도지사 등은 제2항에 따른 등록취소를 하려면 다음 각 호의

방법에 따른 의견청취 절차를 거쳐야 한다. 다만, 제2항 제6호의 경우에는 그러하지 아니하다. 〈개정 2015. 7. 24.〉

1. 제2항 제1호·제3호·제4호·제5호·제7호 및 제8호의 경우 : 청문

2. 제2항 제2호, 제2호의2부터 제2호의4까지의 경우 : 의견제출 기회 부여

④ 제3항에도 불구하고 다음 각 호의 경우에는 의견청취 절차를 거치지 아니할 수 있다. 〈개정 2015. 7. 24.〉

1. 제2항 제2호, 제2호의2부터 제2호의4까지에 해당함이 재판 등에 따라 객관적으로 증명된 경우

2. 의견청취가 매우 어렵거나 명백히 불필요하다고 인정되는 상당한 이유가 있는 경우

3. 대부업자 등이 의견청취 절차를 거치지 아니하여도 좋다는 의사를 명백히 표시하는 경우

⑤ 시·도지사 등은 대부업자 등에게 제1항 또는 제2항에 따른 영업 정지 또는 등록취소 처분을 하는 경우에는 그 사실을 전산정보 처리조직 등을 통하여 다른 시·도지사 등에게 지체 없이 알려야 한다. 〈개정 2012. 12. 11., 2015. 7. 24.〉

⑥ 시·도지사 등은 대부업자 등 또는 그 임직원이 별표 1 각 호의 어느 하나에 해당하는 경우에는 다음 각 호의 어느 하나에 해당하는 조치를 할 수 있다. 〈신설 2015. 7. 24., 2016. 3. 3., 2017. 4. 18., 2022. 1. 4.〉

1. 대부업자 등에 대한 주의·경고 또는 그 임직원에 대한 주의·경고·문책의 요구

한 권으로 끝내는 대부업, 대부중개업 창업 가이드북

2. 임원의 해임 권고 또는 직무정지

3. 직원의 면직 요구

⑦ 시·도지사 등은 퇴임·퇴직한 대부업자 등의 임직원이 재임·재직 중이었더라면 제6항 각 호에 해당하는 조치를 받았을 것으로 인정되는 경우에는 그 조치의 내용을 해당 대부업자 등에게 통보할 수 있다. 〈신설 2015. 7. 24., 2017. 4. 18., 2022. 1. 4.〉

⑧ 제7항에 따른 통보를 받은 대부업자 등은 이를 퇴임·퇴직한 해당 임직원에게 통보하고, 그 내용을 기록·유지하여야 한다. 〈신설 2017. 4. 18.〉

[전문개정 2009. 1. 21.]

[제목개정 2015. 7. 24.]

제14조(등록취소 등에 따른 거래의 종결)

다음 각 호의 어느 하나에 해당하는 대부업자 등(대부업자 등이 개인인 경우에는 그 상속인을 포함한다)은 그 대부업자 등이 체결한 대부계약에 따른 거래를 종결하는 범위에서 대부업자 등으로 본다. 〈개정 2015. 7. 24.〉

1. 제3조 제6항에 따른 등록의 유효기간이 만료된 경우

2. 제5조 제2항에 따라 폐업신고를 한 경우

3. 제13조 제2항에 따라 등록취소 처분을 받은 경우

[전문개정 2009. 1. 21.]

제14조의2(과징금)

① 금융위원회는 대부업자 또는 그 대주주(최대주주의 특수관계인을 포함한다. 이하 이 조에서 같다)가 다음 각 호의 어느 하나에 해당할 때에는 다음 각 호의 구분에 따라 과징금을 부과할 수 있다. 〈개정 2017. 4. 18.〉

　1. 대부업자

　　가. 상호출자제한 기업집단 대부업자가 제10조 제1항에 따른 신용공여의 한도를 초과하여 신용공여를 한 경우 : 초과한 신용공여 금액 이하

　　나. 여신금융기관이 최대주주인 대부업자가 제10조 제7항을 위반하여 신용공여를 한 경우 : 신용공여 금액 이하

　2. 대주주

　　가. 상호출자제한기업집단에 속하는 대주주가 제10조 제1항에 따른 신용공여의 한도를 초과하여 신용공여를 받은 경우 : 초과한 신용공여 금액 이하

　　나. 대부업자의 최대주주인 여신금융기관이 제10조 제7항을 위반하여 신용공여를 받은 경우 : 신용공여 금액 이하

② 금융위원회는 과징금을 부과받은 자(이하 '과징금납부 의무자'라 한다)가 납부기한 내에 과징금을 납부하지 아니한 때에는 납부기한의 다음 날부터 납부한 날의 전날까지 기간에 대하여 대통령령으로 정하는 가산금을 징수할 수 있다. 이 경우, 가산금을 징수하는 기간은 60개월을 초과하지 못한다. 〈개정 2017. 4. 18.〉

③ 금융위원회는 과징금납부 의무자가 그 기한까지 납부하지 아니

하면 국세 체납처분의 예에 따라 이를 징수할 수 있다.

④ 금융위원회는 대통령령으로 정하는 바에 따라 과징금의 징수 및 체납처분에 관한 업무를 국세청장에게 위탁할 수 있다.

⑤ 과징금 부과기준 및 금액, 징수, 그 밖에 필요한 사항은 대통령령으로 정한다.

제14조의3 삭제 〈2023. 9. 14.〉

제14조의4(과징금의 납부기한 연기 및 분할 납부)

① 금융위원회는 과징금납부의무자에 대하여 '행정기본법' 제29조 단서에 따라 과징금 납부기한을 연기하거나 과징금을 분할 납부하게 할 수 있으며, 이 경우 필요하다고 인정하면 담보를 제공하게 할 수 있다.

② 과징금납부의무자는 제1항에 따라 과징금의 납부기한을 연기받거나 분할 납부를 하려는 경우에는 그 납부기한의 10일 전까지 금융위원회에 신청하여야 한다.

③ 금융위원회는 제1항에 따라 과징금 납부기한이 연기되거나 분할 납부가 허용된 과징금납부의무자가 다음 각 호의 어느 하나에 해당하게 된 때에는 그 납부기한의 연기 또는 분할 납부 결정을 취소하고 과징금을 일시에 징수할 수 있다.

1. 분할 납부하기로 한 과징금을 그 납부기한까지 내지 아니한 경우

2. 담보 제공 요구에 따르지 아니하거나 제공된 담보의 가치를

훼손하는 행위를 한 경우

3. 강제집행, 경매의 개시, 파산선고, 법인의 해산, 국세 강제징수 또는 지방세 체납처분 등의 사유로 과징금의 전부 또는 나머지를 징수할 수 없다고 인정되는 경우

4. '행정기본법' 제29조 각 호의 사유가 해소되어 과징금을 한꺼번에 납부할 수 있다고 인정되는 경우

5. 그 밖에 제1호부터 제4호까지에 준하는 사유가 있는 경우

④ 제1항부터 제3항까지에서 규정한 사항 외에 과징금의 납부기한 연기 또는 분할 납부 등에 관하여 필요한 사항은 대통령령으로 정한다.

[전문개정 2023. 9. 14.]

제14조의5(과징금 환급가산금)

① 금융위원회는 과징금납부의무자가 이의신청의 재결 또는 법원의 판결 등의 사유로 과징금을 환급하는 경우에는 과징금을 납부한 날부터 환급한 날까지의 기간에 대하여 대통령령으로 정하는 바에 따라 환급가산금을 지급하여야 한다.

② 제1항에도 불구하고 법원의 판결에 의하여 과징금 부과처분이 취소되어 그 판결이유에 따라 새로운 과징금을 부과하는 경우에는 당초 납부한 과징금에서 새로 부과하기로 결정한 과징금을 공제한 나머지 금액에 대해서만 환급가산금을 계산하여 지급한다.

[본조신설 2015. 7. 24.]

제15조(여신금융기관의 이자율의 제한)

① 여신금융기관은 연 100분의 27.9 이하의 범위에서 대통령령으로 정하는 율을 초과하여 대부금에 대한 이자를 받을 수 없다. 〈신설 2016. 3. 3.〉

② 제1항에 따른 이자율을 산정할 때에는 제8조 제2항을 준용한다. 〈신설 2016. 3. 3.〉

③ 여신금융기관은 대부자금의 조달비용, 연체금의 관리비용, 연체금액, 연체기간, 금융업의 특성 등을 고려하여 대통령령으로 정하는 율을 초과하여 대부금에 대한 연체이자를 받을 수 없다.

④ 금융위원회는 제1항 및 제3항을 위반하여 이자 및 연체이자를 받는 여신금융기관에 대하여 그 시정을 명할 수 있다.

⑤ 여신금융기관이 제1항 및 제3항에 따른 기준을 초과하여 이자 또는 연체이자를 받은 경우 그 이자계약의효력 등에 관하여는 제8조 제4항부터 제6항까지의 규정을 준용한다. 〈개정 2018. 12. 24.〉

[전문개정 2009. 1. 21.]

[제목개정 2016. 3. 3.]

(중략)

제17조(등록수수료 등)

① 제3조에 따른 등록을 하려는 자는 대통령령으로 정하는 바에 따라 수수료를 내야 한다.

② 제12조 제2항 및 제3항에 따라 검사를 받는 대부업자 등은 대통령령으로 정하는 검사수수료를 시·도지사나 금융감독원장에게

내야 한다. 〈개정 2015. 7. 24.〉

[전문개정 2009. 1. 21.]

제18조(분쟁조정)

① 시·도지사에게 등록된 대부업자 등과 거래상대방 간의 분쟁을 해결하기 위하여 해당 영업소를 관할하는 시·도지사 소속으로 분쟁조정위원회를 둔다. 〈개정 2015. 7. 24.〉

② 시·도지사에게 등록된 대부업자 등과 거래상대방은 제1항에 따른 분쟁조정위원회에서 분쟁이 해결되지 아니하는 경우에는 '소비자기본법' 제60조에 따른 소비자분쟁조정위원회에 분쟁 조정을 신청할 수 있다. 〈개정 2015. 7. 24.〉

③ 제1항에 따른 분쟁조정위원회의 구성·운영과 분쟁 조정의 절차·방법 등 분쟁 조정에 관하여 필요한 사항은 대통령령으로 정한다.

④ 금융위원회에 등록된 대부업자 등과 거래상대방 간의 분쟁 조정에 관하여는 '금융소비자 보호에 관한 법률' 제33조부터 제43조까지 규정 준용한다. 〈신설 2015. 7. 24., 2020. 3. 24.〉

[전문개정 2009. 1. 21.]

제18조의2(대부업 및 대부중개업 협회 설립 등)

① 대부업 등 업무질서를 유지하고, 대부업 등 건전한 발전과 이용자 보호를 위하여 대부업 및 대부중개업협회(이하 '협회'라 한다)를 설립한다.

② 협회는 법인으로 한다.

③ 협회는 정관으로 정하는 바에 따라 주된 사무소를 두고 필요한 곳에 지회(支會)를 둘 수 있다. 〈개정 2015. 7. 24.〉

④ 협회는 대통령령으로 정하는 바에 따라 주된 사무소의 소재지에서 설립등기를 함으로써 성립한다.

⑤ 이 법에 따른 협회가 아닌 자는 대부업 및 대부중개업 협회 또는 이와 비슷한 명칭을 사용하지 못한다.

(중략)

제19조(벌칙)

① 다음 각 호의 어느 하나에 해당하는 자는 5년 이하의 징역 또는 5천만 원 이하의 벌금에 처한다. 〈개정 2009. 2. 6., 2015. 7. 24.〉

1. 제3조 또는 제3조의2를 위반하여 등록 또는 등록갱신을 하지 아니하고 대부업 등을 한 자

2. 속임수나 그 밖의 부정한 방법으로 제3조 또는 제3조2에 따른 등록 또는 등록갱신을 한 자

3. 제9조의2 제1항 또는 제2항을 위반하여 대부업 또는 대부중개업 광고를 한 자

4. 제10조 제1항 또는 제7항을 위반하여 신용공여를 한 자

5. 제10조 제1항 또는 제7항을 위반하여 신용공여를 받은 자

② 다음 각 호의 어느 하나에 해당하는 자는 3년 이하의 징역 또는 3천만 원 이하의 벌금에 처한다. 〈개정 2009. 2. 6., 2012. 12. 11., 2015. 7. 24.〉

1. 제5조의2 제4항을 위반하여 그 상호 중에 대부, 대부중개 또

는 이와 유사한 상호를 사용한 자

1의2. 제5조2 제5항을 위반하여 타인에게 자기의 명의로 대부업 등을 하게 하거나 등록증을 대여한 자

2. 제7조 제3항을 위반하여 서류를 해당 용도 외의 목적으로 사용한 자

3. 제8조 또는 제11조 제1항에 따른 이자율을 초과하여 이자를 받은 자

4. 제9조의4 제1항 또는 제2항을 위반하여 미등록 대부업자로부터 대부계약에 따른 채권을 양도받아 이를 추심하는 행위를 한 자 또는 미등록 대부중개업자로부터 대부중개를 받은 거래상대방에게 대부행위를 한 자

5. 제9조의4 제3항을 위반하여 대부계약에 따른 채권을 양도한 자

6. 제11조의2 제1항 또는 제2항을 위반하여 대부중개를 하거나 중개수수료를 받은 자

7. 제11조의2 제3항에 따른 중개수수료를 초과하여 지급한 자

8. 제11조의2 제5항에 따른 시정명령을 이행하지 아니한 자

9. 제11조의2 제6항을 위반하여중개수수료를 지급받은 자

10. 제15조 제4항에 따른 시정명령을 이행하지 아니한 자

③ 제1항 및 제2항의 징역형과 벌금형은 병과(倂科)할 수 있다.

제20조(양벌규정)

법인의 대표자나 법인 또는 개인의 대리인, 사용인, 그 밖의 종업원이 그 법인 또는 개인의 업무에 관하여 제19조의 위반행위를 하면

그 행위자를 벌하는 외에 그 법인 또는 개인에게도 해당 조문 벌금형을 과(科)한다. 다만, 법인 또는 개인이 그 위반행위 방지하기 위하여 해당 업무에 관하여 상당한 주의와 감독을 게을리하지 아니한 경우는 그러하지 아니하다.

제21조(과태료)

① 다음 각 호의 어느 하나에 해당하는 자에게는 5천만 원 이하의 과태료를 부과한다. 〈개정 2010. 1. 25., 2015. 7. 24., 2017. 4. 18.〉

  1. 제5조 제1항 또는 제2항을 위반하여 변경등록 또는 폐업신고를 하지 아니한 자

  2. 제5조의2 제1항 또는 제2항을 위반하여 상호 중에 '대부' 또는 '대부중개'라는 문자를 사용하지 아니한 자

  3. 제6조 제1항 또는 제3항을 위반하여 계약서를 교부하지 아니한 자 또는 같은 조 제1항 각 호 또는 같은 조 제3항 각 호에서 정한 내용 중 전부 또는 일부가 적혀 있지 아니한 계약서를 교부하거나 같은 조 제1항 각 호 또는 같은 조 제3항 각 호에서 정한 내용 중 전부 또는 일부를 거짓으로 적어 계약서를 교부한 자

  4. 제6조 제2항 또는 제4항을 위반하여 설명을 하지 아니한 자

  5. 제6조의2를 위반하여 거래 상대방 또는 보증인이 같은 조 제1항 각 호의 사항 또는 같은 조 제2항 각 호의 사항을 자필로 기재하게 하지 아니한 자

  6. 제7조 제1항을 위반하여 거래 상대방으로부터 소득·재산 및

부채상황에 관한 증명서류를 제출받지 아니한 자

6의2. 제7조의2를 위반하여 제3자에게 담보제공 여부를 확인

하지 아니한 자

7. 제9조 제1항을 위반하여 중요사항을 게시하지 아니한 자

8. 제9조 제2항, 제3항 또는 제5항을 위반하여 광고를 한 자

9. 제9조의3 제1항 각 호의 행위를 한 자

10. 제9조의5 제1항 또는 제2항 위반하여 종업원을 고용하거나

업무를 위임하거나 대리하게 한 자

10의2. 제10조 제2항 위반하여 보고 또는 공시를 하지 아니한 자

11. 제12조 제2항 및 제3항에 따른 검사에 불응하거나 검사를

방해한 자

12. 제12조 제9항 위반하여 보고서를 제출하지 아니하거나, 거

짓으로 작성하거나, 기재하여야 할 사항의 전부 또는 일부

를 기재하지 아니하고 제출한 자

② 다음 각 호의 어느 하나에 해당하는 자에게는 1천만 원 이하 과

태료를 부과한다. 〈개정 2009. 2. 6., 2015. 7. 24., 2017. 4. 18.〉

1. 제3조 제7항을 위반하여 분실신고를 하지 아니한 자

2. 제3조의3 제1항 또는 제2항을 위반하여 등록증을 반납하지

아니한 자

3. 삭제 〈2012. 12. 11.〉

4. 제6조 제5항을 위반하여 계약서와 계약관계서류의 보관의무

를 이행하지 아니한 자

5. 제6조 제6항을 위반하여 정당한 사유 없이 계약서 및 계약

관계서류의 열람을 거부하거나 관련 증명서의 발급을 거부한 자

6. 제9조 제4항을 위반하여 광고의 문안과 표기에 관한 의무를 이행하지 아니한 자

7. 삭제 〈2017. 4. 18.〉

8. 제10조의2를 위반하여 소속과 성명을 밝히지 아니한 자

9. 제12조 제1항 또는 제5항에 따른 보고 또는 자료의 제출을 거부하거나 거짓으로 보고 또는 자료를 제출한 자

10. 제18조의2 제5항에 따른 대부업 및 대부중개업 협회 또는 이와 비슷한 명칭을 사용한 자

③ 제1항이나 제2항에 따른 과태료는 대통령령으로 정하는 바에 따라 시·도지사 등이 부과·징수한다.

대부업 등의 등록 및 금융이용자 보호에 관한 법률

부칙 〈법률 제13445호, 2015. 7. 24.〉

제4조(대부업 등의 등록업무 이관 등에 관한 경과조치)

① 시·도지사는 이 법 시행 후 3개월 이내에 제3조 제2항의 개정규정에 따라 금융위원회로 등록기관이 변경되는 대부업자 등에 관한 모든 서류 및 그 밖의 자료 등을 금융위원회로 이관하여야 한다.

② 이 법 시행 전에 종전의 제3조의2 제1항에 따라 시·도지사에게 등록갱신을 신청한 자로서 이 법 시행 당시 그 갱신절차가 진행 중인 자 중 제3조 제2항의 개정규정에 따라 금융위원회로 등록

기관이 변경되는 자의 해당 등록갱신 신청은 금융위원회에 한 것으로 본다.

제5조(등록요건 및 임원 등의 자격에 관한 경과조치)

① 이 법 시행 당시 종전의 규정에 따라 등록한 대부업자 등이 이 법 시행 전에 발생한 사유로 인하여 제3조의5의 개정규정에 의한 등록요건에 적합하지 아니하게 된 경우에는 같은 개정규정에도 불구하고 종전의 관련 규정에 따른다.

② 제1항에도 불구하고 이 법 시행 당시 종전의 규정에 따라 등록한 대부업자는 이 법 시행 후 6개월 이내에 제3조의5 제1항 제1호 또는 제2항 제2호의 개정규정에 적합하게 하여야 한다.

③ 시·도지사 등은 대부업자가 제2항의 의무를 이행하지 아니한 경우에는 해당 대부업자의 대부업 등록을 취소하여야 한다.

④ 이 법 시행 당시 대부업자 등에 재직 중인 임원, 업무총괄 사용인이 이 법 시행 전에 발생한 사유로 인하여 제4조의 개정규정에 따른 임원 등의 결격사유에 해당하게 된 경우에는 같은 개정규정에도 불구하고 종전의 관련 규정에 따른다.

제6조(금치산자 등에 대한 경과조치) 제4조 제1항 제1호의 개정규정에 따른 피성년후견인 또는 피한정후견인에는 법률 제10429호 민법 일부개정법률 부칙 제2조에 따라 금치산 또는 한정치산 선고의 효력이 유지되는 자를 포함하는 것으로 본다.

제7조(대부업자의 총자산한도 초과에 관한 경과조치) 이 법 시행 당시 제7조의3의 개정규정에 따른 총자산한도에 해당하는 금액을 초과하는 대부업자는 이 법 시행일부터 2년 이내에 같은 개정규정에 적합하도록

하여야 한다.

제8조(고용 제한에 관한 경과조치) 이 법 시행 당시 대부업자 등에 고용되어 있는 자가 이 법 시행 전에 발생한 사유로 인하여 제9조의5 제1항 제2호의 개정규정에 따른 고용 제한 사유에 해당하게 된 경우에는 같은 개정규정에도 불구하고 종전의 규정에 따른다.

제9조(상호출자제한기업집단 대부업자 등의 신용공여에 관한 경과조치)

① 이 법 시행 당시 제10조 제1항의 개정규정에 적합하지 아니한 상호출자제한기업집단 대부업자 및 그 대주주는 이 법 시행일부터 2년 이내에 같은 개정규정에 적합하도록 하여야 한다.

② 이 법 시행 당시 제10조 제7항의 개정규정에 적합하지 아니한 여신금융기관이 최대주주인 대부업자 및 그 대주주는 이 법 시행일부터 1년 이내에 같은 개정규정에 적합하도록 하여야 한다.

제10조(대부업자 등의 보증금 예탁 등에 관한 경과조치) 이 법 시행 당시 대부업자 등 중 제11조의4 제2항의 개정규정에 따른 보증금 예탁이나 보험 또는 공제에 가입하지 아니한 자는 이 법 시행일부터 6개월 이내에 같은 개정규정에 따른 보증금 예탁이나 보험 또는 공제에 가입하여야 한다.

제11조(행정처분 기준에 관한 경과조치) 이 법 시행 전의 행위에 대하여 행정처분을 하는 경우에는 종전의 규정에 따른다.

제12조(분쟁 조정에 관한 경과조치) 이 법 시행 당시 종전의 제18조제1항에 따라 분쟁 조정이 신청된 경우에는 같은 조 제4항의 개정규정에도 불구하고 종전의 규정에 따른다.

대부업 등의 등록 및 금융이용자 보호에 관한 법률

부칙 〈법률 제14072호, 2016. 3. 3.〉

제1조(시행일) 이 법은 공포한 날부터 시행한다. 다만, 법률 제13445호 대부업 등의 등록 및 금융이용자 보호에 관한 법률 일부개정법률 제13조 제6항의 개정규정은 2016년 7월 25일부터 시행하고, 제18조의3 제2항, 제18조의9부터 제18조의11까지 및 별표 2의 개정규정은 공포 후 6개월이 경과한 날부터 시행한다.

제2조 삭제 〈2018. 12. 24.〉

제3조(초과 이자에 관한 적용례) 제8조 제4항의 개정규정(제11조 제1항의 개정규정 및 제15조 제5항에서 준용하는 경우를 포함한다)은 종전의 규정에 따라 이자율을 초과하는 이자를 지급한 경우에도 적용한다.

제4조(이자율 제한에 관한 적용례 등)

① 제8조, 제11조 제1항, 제15조 제1항·제2항의 개정규정에 따른 이자율은 이 법 시행 후 최초로 계약을 체결 또는 갱신하거나 연장하는 분부터 적용한다.

② 부칙 제5조 제2항 및 제4항 중 연 100분의 27.9의 이자율은 이 법 시행 후 최초로 계약을 체결 또는 갱신하거나 연장하는 분부터 적용한다.

③ 2016년 1월 1일부터 이 법 시행 전에 성립한 계약(그 계약의 갱신이나 연장을 제외한다)의 이자율에 대하여는 이 법 시행일부터 법률 제12156호 대부업 등의 등록 및 금융이용자 보호에 관한 법률 일부개정법률 제8조, 제11조 제1항, 제15조 제1항·제2항을 적용한다.

제5조(이자율 제한 등에 관한 특례)

① 제8조, 제15조 제1항·제2항의 개정규정에도 불구하고 같은 개정규정에 따른 대통령령이 시행되기 전까지는 제2항부터 제5항까지의 규정에 따른다.

② 제8조 제1항의 개정규정에서 '대통령령으로 정하는 율'이란 연 100분의 27.9를 말하며, 월 이자율 및 일 이자율은 연 100분의 27.9를 단리로 환산한다.

③ 제8조 제2항 단서의 개정규정에서 '대통령령으로 정한 사항'이란 다음 각 호의 비용을 말한다.

　1. 담보권 설정비용

　2. 신용조회비용('신용정보의 이용 및 보호에 관한 법률' 제4조 제1항 제1호의 업무를 허가받은 자에게 거래상대방의 신용을 조회하는 경우만 해당한다)

④ 제15조 제1항의 개정규정에서 '대통령령으로 정하는 율'이란 연 100분의 27.9를 말하며, 월 이자율 및 일 이자율은 연 100분의 27.9를 단리로 환산한다.

⑤ 제15조 제2항의 개정규정에 따라 준용되는 제8조 제2항 단서의 개정규정에서 '대통령령으로 정하는 사항'이란 다음 각 호의 비용을 말한다.

　1. 담보권 설정비용

　2. 신용조회비용('신용정보의 이용 및 보호에 관한 법률' 제4조 제1항 제1호의 업무를 허가받은 자에게 거래상대방의 신용을 조회하는 경우만 해당한다)

3. 만기가 1년 이상인 대부계약의 대부금액을 조기상환함에 따라 발생하는 비용으로서 조기상환 금액의 100분의 1을 초과하지 아니하는 금액

제6조(행정처분 등에 관한 경과조치)

① 이 법 시행 전의 행위에 대하여 행정처분을 하는 경우에는 종전의 규정에 따른다.

② 이 법 시행 전의 행위에 대하여 벌칙 및 과태료를 적용할 때에는 종전의 규정에 따른다.

한 권으로 끝내는 대부업, 대부중개업 창업 가이드북

대부업, 대부중개업
관련 서식

대부업·대부중개업 변경 등록 신청 시 필요한 서류

- 대부업·대부중개업 등록증 원본

- 주민등록표등본(개인의 경우), 법인등기사항전부증명서(법인의 경우)

- 인감증명서 1부(개인의 경우 대표자, 법인의 경우 법인인감증명서)

- 대리인 신청 위임장 1부(대리 변경등록 신청의 경우)

- 영업소 소재지 증명서류(신청인 소유인 경우 부동산 등기사항전부증명서, 임대차 등의 경우 임대차계약서 사본에 한정한다) 및 영업소 소재지 건축물대장 각 1부(소재지 변경 시)

- 주주(사원)명부 1부(출자자 변경 시)

- 직전 사업연도 말 기준 손익계산서 1부(상호 중 대부 또는 대부중개 문자를 사용하지 않은 경우)

- 가족관계등록부 기본증명서 1부(업무총괄사용인, 개인의 경우 대표자, 법인의 경우 임원 또는 출자자를 변경하려는 경우)

- 자기자본 또는 순자산액이 변경되었음을 증명하는 서류 1부

- 보증금 예탁, 보험 또는 공제사항이 변경되었음을 증명하는 서류 1부

개인회생 신청자 채무자 심리적 이용 회수 서식

대부거래표준약관 제12조(기한의 이익상실) 및 대부거래보증 표준약관 제6조(기한의 이익상실 통보) 대부거래 개별약정서 제2항 7호에 의거, 기한의 이익상실에 의한 법정 최고이자가 연 20%로 적용된다는 문자와 다음과 같이 개인회생 신청용 부채증명원 발급 각서를 받아야 이자가 연체 없이 정상적으로 채권회수가 가능하다.

기한의 이익
시기(始期) 또는 종기(終期)가 아직 도래하지 않아 아직 법률행위의 효력이 확정되지 않았음에도 불구하고 당사자가 받는 이익이다.

민법
제152조(기한 도래의 효과)
① 시기 있는 법률행위는 기한이 도래한 때로부터 그 효력이 생긴다.
② 종기 있는 법률행위는 기한이 도래한 때로부터 그 효력이 생긴다.

제153조(기한의 이익과 그 포기)
① 기한은 채무자의 이익을 위한 것으로 추정한다.
② 기한의 이익은 이를 포기할 수 있다. 그러나 상대방을 이익을 해하지 못한다.

제153조(기한부권리와 준용규정)
제148조와 제149조의 규정은 기한 있는 법률행위에 준용한다.

개인회생 신청용 부채증명원 발급 각서

성명 :

주민등록번호 :

주소 :

연락처 :

담보물 주소지 :

상기 본인은 개인회생 인가결정이 된다 해도 귀하의 대출금에 대해 연체 없이 성실하게 이자 납입을 할 것이며, 개인회생 시 대출 자서 당시 징구한 확약서(대부약정 제2호 6항-개인회생 신청 시 기한의 이익상실)에 의해 기한의 이익상실되어 연20% 이자가 적용되며 인가결정 이후 별제권(근저당채권)으로 부동산 임의경매 신청해서 매각대금에서 변제받는다는 사실을 인지하고 있습니다.

20 년 월 일

채무자(담보제공인)   (인)

기한의 이익상실 및 부동산 임의경매 통보

발신 : 이상준 아카데미 대부(주) 010-9074-8918
　　　　인천광역시 계양구 장제로 9**번길 3(병방동, **아트빌)
수신 : 김** 010-****-5**4
　　　　서울특별시 영등포구 도림동 820 쌍용플래티넘시티 1단지 제10*동 14**호

항상 저희 회사를 이용해주시고 아껴주심에 깊이 감사드립니다.
고객님께서 대출 받으신(담보 제공) 아래 대출금이 기한의 이익상실(민법 제388조 : 채무자가 담보를 손상, 감소 또는 멸실하게 한 때, 대출의 원금 또는 이자에 대해 2회 이상 연체가 발생하거나 이자 연체 60일 이상 체납된 때 등)됨에 따라서 귀하에게 오는 2024년 6월 15일까지 밀린 이자 완납 등 정상적으로 완납해 변제할 것을 최고 드리오며, 기일 내 정리되지 않을 경우 부득이 2024년 6월 16일 부동산 임의경매 및 법적조치착수(급여압류 및 사무실유체동산 집행)에 의한 강제 회수 절차(부동산 임의경매)를 착수하기로 결정했으므로 귀하의 성의 있는 해결을 촉구드립니다. 또한 당 회사는 부득이 고객님에 대한 채권을 AMC(자산유동화 회사 또는 채권 추심업체에 채권 매각)를 할 수 있음을 통보드립니다.

▣ **대출금 현황**　　　　　　　　　　　　　　　　　　　　　　　　　　　　(단위 : 원)

구 분	2024년 6월 15일 기준				
대출일 상환일	대출잔액 (채권최고액) 전세권설정	연체(정상)이자 2024.4.16~6.15	가지급금	합계	기한의 이익상실일
2023.3.22 2026.3.21	380,000,000 570,000,000 10,000,000	12,033,333	–	392,033,333	2024.06.16 연20% 적용됨

▣ **대부거래 계약 약정서** : 제12조(기한의 이익상실)
▣ **기한의 이익상실 사유** : 법정 최고이자가 연 20%로 적용됩니다.
　　– 60일 이상 이자 연체(확약서에 의한 약정) 개인회생, 파산, 압류, 가압류 등 신청 시
　　– 연락 두절 및 고의로 전화나 문자를 회피할 경우
▣ **부동산 임의경매 및 채권매각 물건** :
　☞ 부동산 경매 비용(당사가 지급한 비용 – 가지급금)이 추가됩니다.
　☞ 주소나 연락처가 변경된 경우에는 아래 담당자에게 알려주시어 불이익을 받지 않도록 해주시면 감사하겠습니다.
　☞ 기타 문의사항은 담당자 이상준 010-9074-8918

　　　　　　　　　　　　　　　　2024. 6. 7

　　　　근저당권자 및 전세권설정자 이상준 아카데미 대부(주)

확정채권의 대위변제 및 근저당권이전 통지서

양수인 : 이상준 아카데미 대부(주) 010-9074-8918
　　　　인천광역시 계양구 장제로 9**번길 3(병방동, **아트빌)
양도인 : **금융자산대부 010-**82-**24
　　　　서울특별시 서초구 헌릉로 8길 **(신원동, 서초**** 상가단지)

항상 저희 회사를 이용해주시고 아껴주심에 깊이 감사드립니다.
고객님께서 2023년 4월 24일에 대출받으신(담보 제공) 아래 대출만기 상환일 2024년 4월 23일
이 경과해 부득이하게 근저당권 채권이 양도되었습니다. 현재 미납이자 및 원금 상환이 지연될 경
우, 기한의 이익상실(민법 제388조 : 채무자가 담보를 손상, 감소 또는 멸실하게 한때, 대출의 원금 또는 이자
에 대해 2회 이상 연체가 발생하거나 이자 연체 60일 이상 체납된 때 등)됨에 따라서 귀하에게 오는 2024
년 5월 30일까지 밀린 이자 완납 등 정상적으로 완납해 변제할 것을 최고 드리오며, 기일 내 정리
되지 않을 경우 부득이 2024년 6월 1일 부동산 임의경매 및 법적조치착수(급여압류 및 사무실유체
동산 집행)에 의한 강제 회수 절차(부동산 임의경매)를 착수하기로 결정했으므로 귀하의 성의 있는 해
결을 촉구 드립니다. 또한 당 회사는 부득이 고객님에 대한 채권을 AMC(자산유동화 회사 또는 채권
추심업체에 채권 매각)를 할 수 있음을 통보 드립니다.

■ 대출금 현황
(단위 : 원)

구 분	2024년 5월 4일 기준				
대출일 상환일	대출잔액 (채권최고액) 전세권설정	연체(정상)이자 2024.3.31~4.30	가지급금	합계	채권양수인 변경 후 이자입금계좌
2023.4.22 2024.4.23	60,000,000 90,000,000 5,000,000	950,000	-	60,850,000	신협 예금주 이상준 아카데미 137-010-

■ **대부거래 계약 약정서** : 제12조(기한의 이익상실)
■ **기한의 이익상실 사유** : 법정 최고이자가 연 20%로 적용됩니다.
　　－ 60일 이상 이자 연체(확약서에 의한 약정) 개인회생, 파산, 압류, 가압류 등 신청 시
　　－ 연락 두절 및 고의로 전화나 문자를 회피할 경우
■ **부동산 임의경매 및 채권매각 물건** :
　　☞ 부동산 경매 비용(당사가 지급한 비용 － 가지급금)이 추가됩니다.
　　☞ 주소나 연락처가 변경된 경우에는 아래 담당자에게 알려주시어 불이익을 받지 않도록 해주
　　　시면 감사하겠습니다.
　　☞ 기타 문의 연락해주시면 성실히 답변드리겠습니다.
　　　담당자　이상준　010-9074-8918

　　　　　　　　　　　　2024. 5. 4

근저당권자 및 전세권설정 채권양수인 이상준 아카데미 대부(주)

본인 자필 확인 및 대출 신청서

고객 정보	성명		생년월일	년 월 일 (☐남 ☐여)	
	핸드폰		전화	자택	
	(통신사)	☐SKT ☐KT ☐LGU+		직장	
	직업		직장명		
	부서 및 직책		연봉(연소득)		
	직장주소				
	배우자 직업		배우자(연소득)		
자서 관련	자서 유형	☐ 내방 ☐ 출장	자서 일시	20 년 월 일 (시 분)	
	자서 장소 (구체적으로 기술 요함)				
대출 신청	신청금액	금	원 (₩)		
	대출금 자금 용도				
	채권자 연락처	※. 대환 대출 시만 기재			

본인은 귀사에 대출을 받으며, 영업 및 자서 담당자에게 어떠한 명목의 수수료도 주지 않았음을 확인합니다.

20 년 월 일

신청인(본인) : _____ (서명 또는 인)

주민등록번호 : _____ - _____

위 신청인(담보제공인)이 본인임을 확인하고 자필 서명함을 확인했습니다.

확인자 : _____ (서명 또는 인)

_____ 귀중

대부거래 표준계약서

본인 등은 아래의 대부거래 계약에 대해 별첨 대부거래 표준약관을 승낙하고 성실히 이행하겠습니다. (굵은 선 부분은 채무자가 자필로 기재합니다)

- 계 약 내 용 -

대부업자	상호 또는 성명		(인)	TEL	
	사업자등록번호				
	대부업 등록번호				
	주소				
채무자	성명		(인)	TEL	
	주민등록번호				
	담보물 소재지				
	주소				
보증인	성명		(인)	TEL	
	생년월일(성별)				
	주소				
	보증채무 내용	계약일자			
		보증 기간			
		보증채무 최고금액			
		연대보증 여부			

대부금액 (채무자가 실제 수령한 금액)	금		정 (₩)			원
이자율	연이율	%	연체이율	연이율		%
	월이율	%	연체이율	연이율		%

※ 현행 대부업 등의 등록 및 금융이용자 보호에 관한 법률에 따른 최고이자율은 연 20%입니다.
　이자율 계산 방법 예시 (대부잔액×연이자율÷36 5(윤년의 경우 366)×이용일수)
　　　　　　　　　　　　(대부잔액×연이자율÷12)×이용개월수)

계약일자(대부일자)	20 년 월 일	대부 기간 만료일	20 년 월 일
특약사항		만기 시 자동연장	
이자 상환일		15일　25일　30일	
입금은행 계좌번호		은행　예금주 :　　　　계좌번호 :	
변제 방법		1. 대출금의 상환 및 이자의 지급은 은행송금(채권자 입금계좌) 등 당사자가 약정한 방법에 의한다 2. 대출금의 상환 및 이자의 지급은 비용, 이자, 원금순으로 충당한다. (늘었음)	

조기상환 시 위약금	만기 이전 상환 시 대출금의 ___% 이내를 위약금으로 지불하기로 한다.		
부대비용의 내용 및 금액(자세하게 기재할 것)	근저당설정 관련 법무비, 등록세, 교육세, 인지세, 채권할인료 및 확인서면, 말소비, 주소이전비 등 (확인함)		
채무 및 보증채무 증명서 발급비용	1만 원	채무 및 보증채무 증명서 발급기한	

※ 채무자는 다음 사항을 읽고 본인의 의사를 사실에 근거해 자필로 기재해주십시오.

(기재 예시 : 1. 수령함 2. 들었음 3. 들었음)

1. 위 계약서 및 대부거래표준약관을 확실히 수령했습니까?	(수령함)
2. 위 계약서 및 대부거래표준약관의 중요한 내용에 대해 설명을 들었습니까?	(들었음)
3. 중개수수료 채무자로부터 받는 것이 불법이라는 설명을 들었습니까?	(들었음)

금전소비대차계약서

<table>
<tr><td rowspan="4">'갑'
대여인</td><td>성　　　명</td><td colspan="2">(인)</td></tr>
<tr><td>주　　　소</td><td colspan="2"></td></tr>
<tr><td>주 민 등 록 번 호</td><td colspan="2"></td></tr>
<tr><td>연　락　처</td><td colspan="2"></td></tr>
<tr><td rowspan="5">'을'
차입인</td><td>성　　　명</td><td colspan="2">(인)</td></tr>
<tr><td>담 보 물 소 재 지</td><td colspan="2"></td></tr>
<tr><td>주　　　소</td><td colspan="2"></td></tr>
<tr><td>주 민 등 록 번 호</td><td colspan="2"></td></tr>
<tr><td>연　락　처</td><td>(집)</td><td>(핸드폰)</td></tr>
<tr><td>직장명</td><td></td><td>최종직위</td><td></td></tr>
<tr><td>입사일</td><td></td><td>재직 기간
(사업 기간)</td><td></td></tr>
<tr><td>사업장
전화번호</td><td></td><td>사업장
주소</td><td></td></tr>
<tr><td>대여 금액</td><td colspan="3">금　　　　　　　　원정(₩　　　　　　　　　　　　　　)</td></tr>
<tr><td>이자율</td><td>연　　%</td><td>연체이율</td><td>연　　%</td></tr>
<tr><td>대여일자</td><td>20 년　월 일</td><td>만료일자</td><td>20 년　월 일</td></tr>
<tr><td>중도상환
수수료</td><td colspan="3">※ 현행 대부업 등의 등록 및 금융이용자 보호에 관한 법률에 따른 최고이자율은 연 20%입니다.
　이자율 계산 방법 예시 (대부잔액×연이자율÷365(윤년의 경우 366)×이용일수)
　　　　　　　　　　(대부잔액×연이자율÷12)×이용개월수)　　(확인함)</td></tr>
<tr><td>상환 방법</td><td colspan="3">☐ 만기일시상환　　☐ 원리금균등상환　　☐ 원금균등상환</td></tr>
<tr><td>이자 납입일</td><td>매월　　일</td><td>이자율의 세부내역</td><td>통상이자 및 연체이자는 1년을 365일로
보고 1일 단위로 계산함</td></tr>
<tr><td>이자납부
계좌번호</td><td colspan="3"></td></tr>
</table>

※ 변제 방법　1. 대출금의 상환 및 이자의 지급은 은행송금(채권자 입금계좌) 등 당사자가 약정한 방법에 의한다.
　　　　　　 2. 대출금의 상환 및 이자의 지급은 비용, 이자, 원금 순으로 충당한다.　(들었음)

'을'은 '갑'에게 상기와 같이 상환할 것을 약정함.

개인 신용정보 조회, 제공, 활용 동의서

Ⅰ. 필수 동의사항(대부업자용)

※ 필수 동의사항에 대한 동의는 계약의 체결 및 이행을 위해 필수적이므로, 아래 사항에 동의하셔야만 대부거래 관계의 설정 또는 유지가 가능합니다.

■ 개인(신용)정보 필수적 수집·이용에 관한 사항

본인은 '개인정보 보호법' 제15조, 제22조, 제24조, '신용정보의 이용 및 보호에 관한 법률' 제32조, 제33조, 제34조, '정보통신망 이용촉진 및 정보보호 등에 관한 법률' 제22조, 제26조의2에 따라 귀사가 본인이 신청한 대부거래와 관련해 본인의 개인(신용)정보를 아래와 같이 수집·이용하는 것에 대해 동의합니다.

1. 수집·이용 목적
· 본인확인, 신용조회, 대금결제 등 대부계약의 체결·유지·이행·관리 · 신청 금융상품 서비스 제공 · 법령상 의무이행, 분쟁처리, 민원해결, 금융사고 조사 등

2. 수집·이용할 개인(신용)정보의 내용 : · 개인식별정보(성명, 고유식별정보, 자택(직장)주소, 연락처, 직장명 및 사업자번호, 입금계좌) · 신용거래정보(본 거래 이전 및 이후의 대부, 보증, 담보제공 등 거래내용을 판단할 수 있는 정보) · 신용능력정보(대부금액이 300만 원을 초과하는 경우에는 소득·재산, 채무의 총액 등을 의무적으로 파악) · 신용도 판단정보(신용등급·신용평점, 연체, 부도, 대위변제, 기타 신용질서 문란행위 관련 금액 등) · 공공기관 정보(개인회생, 파산, 연체, 채무불이행자 등재 등 법원의 재판·결정정보, 체납정보, 경매관련정보, 사회보험·공공요금 관련정보, 행정처분에 관한 정보 등)
· 본 동의 이전에 발생한 상기 개인(신용)정보 포함

3. 개인(신용)정보 보유·이용 기간 : 수집·이용 동의일로부터 본인이 신청한 대부거래가 귀사에 의해 거절된 시점까지 또는 거래종료(채권·채무관계가 해소된 시점) 후 5년까지 금융사고 조사, 분쟁해결, 민원처리 및 법령상 의무이행을 위해서만 보유·이용됩니다.

◈ 본인은 귀사가 상기와 같이 본인의 개인(신용)정보를 수집·이용하는 것에 동의합니다.   [동의하지 않음 □   동의함 □]
◈ 본인은 귀사가 상기 목적으로 다음과 같은 본인의 고유식별정보를 처리하는 것에 동의합니다.   [동의하지 않음 □   동의함 □]
※ 고유식별정보 : 주민등록번호(금융감독원 직권검사 대상 대부업자인 경우), 운전면허번호, 여권번호, 외국인등록번호

■ 개인(신용)정보 조회에 관한 사항

본인은 '신용정보의 이용 및 보호에 관한 법률' 제32조 제2항 및 '개인정보 보호법' 제24조에 따라 귀사가 본인이 신청한 대부거래에 관해 아래와 같은 내용으로 신용조회회사, 신용정보집중기관, 공공기관 및 통신회사로부터 본인의 신용정보를 조회하는 것에 대해 동의합니다.

1. 조회 목적 : 계약 등 대부거래의 체결·유지·이행·관리
2. 조회할 신용정보 : 개인식별정보, 신용거래정보, 신용능력정보, 신용도 판단정보, 공공기관 정보
3. 조회처 : 신용조회회사, 신용정보집중기관, 공공기관 및 통신회사
4. 조회동의 효력 기간
상기 동의는 당해 거래종료일(채권·채무관계가 해소된 시점)까지 효력이 유지되나, 본인이 신청한 대부거래가 귀사에 의해 거절된 경우에는 그 시점까지 유효합니다.

◈ 본인은 귀사가 상기와 같이 본인의 개인(신용)정보를 수집·이용하는 것에 동의합니다.   [동의하지 않음 □   동의함 □]
◈ 본인은 귀사가 상기 목적으로 다음과 같은 본인의 고유식별정보를 처리하는 것에 동의합니다.   [동의하지 않음 □   동의함 □]
※ 고유식별정보 : 주민등록번호(금융감독원 직권검사 대상 대부업자인 경우), 운전면허번호, 여권번호, 외국인등록번호

■ 개인(신용)정보 필수적 제공에 관한 사항

본인은 '개인정보 보호법' 제17조, 제22조, 제24조, '신용정보의 이용 및 보호에 관한 법률' 제32조, 제33조, 제34조, '정보통신망 이용촉진 및 정보보호 등에 관한 법률' 제24조의2, 제25조, 제26조의2에 따라 귀사가 본인이 신청한 대부거래에 관해 본인의 개인(신용)정보를 아래와 같이 제3자에게 제공하는 것에 대해 동의합니다.

1. 제공 목적 : 본인확인 및 신용도 평가 등 신용조회업무, 신용정보의 집중관리 및 활용 등 신용정보집중기관의 업무, 계약 등 대부거래의 체결·유지·이행·관리(연체관리 및 채권관리 포함)
2. 제공정보내역 : 개인식별정보, 신용거래정보, 신용능력정보, 신용도 판단정보
3. 정보 제공처 : 신용조회회사[나이스평가정보(주), 코리아크레딧뷰로(주)], 신용정보집중기관[한국신용정보원]
※ 상기 내용이 변동되는 경우 회사 홈페이지에 게시 등을 통해 그 내용을 공시합니다.
4. 정보 보유 기간 : 신용조회회사 및 신용정보집중기관에 제공한 개인(신용)정보는 신용정보의 이용 및 보호에 관한 법률 및 관련 규약에 근거한 기간까지, 수탁업체에 제공한 개인(신용)정보는 거래종료일(채권·채무관계가 해소된 시점) 이내에서 수탁계약 종료 시까지 보유·이용됩니다. 다만, 마케팅 목적의 정보는 제공 동의일로부터 2년 이내로 이용이 제한됩니다.

◈ 본인은 상기와 같이 본인의 개인(신용)정보를 제3자에게 제공하는 것에 동의합니다.   [동의하지 않음 □   동의함 □]
◈ 본인은 귀사가 상기 목적으로 다음과 같은 본인의 고유식별정보를 처리하는 것에 동의합니다.   [동의하지 않음 □   동의함 □]
※ 고유식별정보 : 주민등록번호(금융감독원 직권검사 대상 대부업자인 경우), 운전면허번호, 여권번호, 외국인등록번호

II. 선택 동의사항(대부업자용)

※ 귀하는 개인(신용)정보의 선택적인 수집·이용, 제공에 대한 동의를 거부할 수 있습니다. 다만, 동의하지 않을 경우 관련 편의 제공(무이자 또는 이자율 인하 이벤트, 한도 증액, 사은품 제공 등)에 제한이 있을 수 있지만 그 밖의 대부거래와 관련된 불이익은 없습니다. 또한, 동의하셨더라도 당사 홈페이지 또는 고객센터 등을 통해 철회가 가능합니다.

※ **상품 이용권유동의 : 동의하지 않음** □ **동의함 [전체** □ **전화** □ **문자메시지(SMS)** □ **서면(DM)** □ **이메일** □]
- 기존 계약의 유지·관리를 위한 필수 고지사항은 상기 동의 대상에서 제외됩니다.

■ 개인(신용)정보 선택적 수집·이용에 관한 사항

본인은 '개인정보 보호법' 제15조, 제22조, 제24조, '신용정보의 이용 및 보호에 관한 법률' 제32조, 제33조, 제34조, '정보통신망 이용촉진 및 정보보호 등에 관한 법률'
제22조, 제26조의2에 따라 귀사가 본인이 신청한 대부거래와 관련해 본인의 개인(신용)정보를 아래와 같이 수집·이용하는 것에 대해 동의합니다.

1. **수집·이용 목적** : 신용도 판단, 사은행사 및 판촉행사, 상품 이용권유 및 전화상담 등 마케팅 활용, 우편물, 이메일을 통한 정보제공 및 납부안내
2. **수집·이용할 개인(신용)정보의 내용** : 이메일 주소, 주거 정보, 맞벌이 유무, 직장 근속 기간, 우편물 수령처 • 본 동의 이전에 발생한 상기 개인(신용) 정보 포함
3. **개인(신용)정보 보유·이용 기간** : 수집·이용 동의일로부터 본인이 신청한 대부거래가 귀사에 의해 거절된 시점까지. 대부거래가 설정된 경우에는 본인의 수집·이용 동의 철회 시까지 또는 거래종료일(채권·채무관계가 해소된 시점)까지 보유·이용됩니다.

◈ **본인은 귀사가 상기와 같이 본인의 개인(신용)정보를 수집·이용하는 것에 동의합니다.**　　　　　**[동의하지 않음** □]　　**[동의함** □]

■ 개인(신용)정보 선택적 제공에 관한 사항

본인은 '개인정보 보호법' 제17조, 제22조, 제24조, '신용정보의 이용 및 보호에 관한 법률' 제32조, 제33조, 제34조, '정보통신망 이용촉진 및 정보보호 등에 관한 법률' 제24조의2, 제25조, 제26조의2에 따라 귀사가 본인이 신청한 대부거래와 관련해 본인의 개인(신용)정보를 아래와 같이 제3자에게 제공하는 것에 대해 동의합니다.

1. **제공 목적** : 귀사 및 제휴업체의 상품·서비스 안내 및 시장조사, 귀사 및 관계사 간 고객심사 및 사후관리
2. **제공정보내역** : 성명, 연락처, 주소, 이메일 주소, 주거·직장정보, 결혼 여부, 우편물 수령처
3. **혜택** : 사은품 제공, 제휴업체 서비스 할인
4. **정보 제공처** : •상기 제공 목적과 관련한 제휴계약을 체결한 자
   ※ 상기 내용이 변동하는 경우 회사 홈페이지에 게시 등을 통해 그 내용을 공시합니다.
5. **정보 보유 기간** : 제공 동의일로부터 본인이 신청한 대부거래가 귀사에 의해 거절된 시점까지. 대부거래가 설정된 경우에는 본인의 제공 동의 철회 시까지 또는 거래종료일(채권·채무관계가 해소된 시점) 이내에서 제공계약 종료 시까지 보유·이용됩니다. 다만, 마케팅 목적의 정보는 제공 동의일로부터 2년 이내로 이용이 제한됩니다.

◈ **본인은 귀사가 상기와 같이 본인의 개인(신용)정보를 수집·이용하는 것에 동의합니다.**　　　　　**[동의하지 않음** □]　　**[동의함** □]

20 년　월　일

생년월일 : ＿＿＿＿＿＿＿ － ＿＿＿＿＿＿＿
신 청 인 : ＿＿＿＿＿＿＿　(서명 또는 인)

근저당권 설정계약서
부동산의 표시

1동의 건물의 표시

경기도 오산시 금암동 515 세교데시앙포레 제 **0동

[도로명주소] 경기도 오산시 여계산로 21

전유 부분의 건물의 표시

건물의 번호 : 제600동 제7층 제 **0호

구조 및 면적 : 철근콘크리트구조 101.18㎡

전유 부분의 대지권의 표시

토지의 표시 : 1. 경기도 오산시 금암동 515 대 76,085㎡

대지권의 종류 : 소유권

대지권의 비율 : 76,085분의 63.51

채권최고액 : 금 _____원정

위 채권최고액의 범위 내에서 채무자가 채권자에 대해 차용증서에 의한 채무, 약속어음, 상업거래, 보증채무 등 현재 및 장래에 부담할 일체의 채무 담보로서 설정자 소유인 말미 기재의 부동산에 순위 제 번의 근저당권을 설정하고 다음 각 항을 약정함.

1. 담보물건의 시가 저락 또는 재해로 인해 그 가격이 감소된 경우에는 채권자의 요구에 따라 보증담보를 제공하거나 채무를 즉시 변제한다.

2. 담보물 토지상에 미등기건물이 있거나 혹은 장래 건물을 신축하거나 증축 또는 구조를 변경할 시에는 채권자의 승낙을 얻어야 하며 그 미등기 건물이나 신축 증축 또는 구조변경된 건물에 대해서도 본 근저당권의 효력이 당연히 미치는 것으로 하고 채권자의 요구에 따라 지체 없이 근저당권의 추가설정 또는 변경등기절차를 이행한다.

3. 본 계약에 기인된 증서채무나 약속어음, 수표 등이 부도 또는 기타 사유로 인해 그 지급기일에 결제되지 않을 시에는 그 익일부터 연 20%의 지연 손해이자를 가산 지급한다.

4. 본 계약에 기인한 채무의 원금이나 이자를 그 기일에 지급치 아니하거

나 채무자가 제3자로부터 재산의 압류를 당하는 등 사유가 발생했을 때에는 각 증서의 변제기 전이라도 채권자의 청구에 의해 전 채무를 일시에 변제해야 하는 이 경우에 채권자는 즉시 담보물건의 경매 신청을 해도 채무자나 설정자는 이의 없음.

5. 본 건에 관한 모든 공과금 및 저당권 설정과 그 말소등기 비용은 일체 채무자가 부담한다.

6. 보증인은 본 계약에 기인한 전 채무(어음, 수표포함)에 대해 채무자와 연대책임으로 채무를 이행한다.

위 계약을 확실히 하기 위해 이 증서를 작성하고 다음에 기명 날인한다.

20 년 월 일

채권자겸   이상준 아카데미 대부주식회사(134511-047****)
근저당권자   인천광역시 계양구 장제로 9**번길 3, 비02호(병방동, **아트빌)
　　　　　 대표이사 이상준

채무자겸　　　 박○○(**0101-1234567)
근저당권 설정자   경기도 오산시 여계산로 21, 600동 **0호
　　　　　　 (금암동, 휴먼시아 데시앙아파트)

전세권설정계약서

1. 금 5,000,000원

   전세권설정자는 위 전세금을 영수하고 전세권자의 사용수익을 위해 본 계약을 체결하고 그 소유인 하단 기재의 부동산상에 순위 제1번 전세권을 설정한다.

1. 전기 부동산의 건물의 전부를 전세권의 목적인 범위로 한다.

1. 전세권자는 본건 부동산을 주거용으로 사용하기로 하며 전세권설정자 동의 없이 다른 용도로 사용 수익하지 못한다.

1. 전세권의 존속 기간은 2024년 03월 28일부터 2026년 12월 31일까지로 한다.

1. 전세권자는 전세목적물을 현상 유지하고 훼손 시 그 목적물을 수선해야 한다.

1. 전세권자가 전세권설정자의 승낙 없이 목적물의 원형을 변경함으로써 목적물의 가치가 현저하게 저락되었을 경우에는 전세권설정자는 전세권의 소멸을 청구할 수 있다.

1. 전세권자는 전세권설정자의 동의 없이 사용 수익을 위해 현상을 변경했을 경우에는 존속 기간 만료 후 즉시 원상 복구를 해 전세권설정자에게 인도해야 한다.

위 계약을 증명하기 위해 본 증서를 작성하고 아래에 기명 날인한다.

20 년 월 일

전세권설정자 박○○ (**0101-1234567)
             경기도 오산시 여계산로 21, 600동 **0호
             (금암동, 금암마을휴먼시아데시앙아파트)
전세권자   이상준 아카데미 대부주식회사(134511-047****)
             인천광역시 계양구 장제로 9**번길3, 비02호(병방동, **아트빌)
             대표이사 이상준

[부동산의 표시]

1동의 건물의 표시 : 경기도 오산시 금암동 515 세교데시앙포레 제**0동
             [도로명주소] 경기도 오산시 여계산로 21
전유 부분의 건물의 표시 : 건물의 번호 : 제600동 제7층 제**0호
구조 및 면적 : 철근콘크리트구조 101.18㎡

위 임 장

<table>
<tr>
<td rowspan="3">부
동
산
의
표
시</td>
<td>
1동의 건물의 표시
경기도 오산시 금암동 515 세교데시앙포레 제 **0동
[도로명주소] 경기도 오산시 여계산로 21
</td>
</tr>
<tr>
<td>
전유 부분의 건물의 표시
건물의 번호 : 제600동 제7층 제**0호
구조 및 면적 : 철근콘크리트구조 101.18㎡
</td>
</tr>
<tr>
<td>
전유 부분의 대지권의 표시
토지의 표시 : 1.경기도 오산시 금암동 515 대 76,085㎡
대지권의 종류 : 소유권
대지권의 비율 : 76,085분의 63.51
</td>
</tr>
<tr>
<td>등기원인과 그 년월일</td>
<td>서기 2024년 05월 24일 설정계약</td>
</tr>
<tr>
<td>등기목적</td>
<td>근저당권 설정</td>
</tr>
<tr>
<td>채권 최고액</td>
<td>금　　　　　원정</td>
</tr>
<tr>
<td colspan="2">
<table>
<tr>
<td>
채무자 겸
등기의무자

등기권리자
</td>
<td>
박○○ **10101-1234567
경기도 오산시 여계산로 21, *00동**0호
(금암동, 금암마을휴먼시아데시앙아파트)

이상준 아카데미 대부주식회사
134511-047****
인천광역시 계양구 장제로 9**번길 3비02호
(병방동, **아트빌)
대표이사 이상준
</td>
<td>
위 사람을 대리인으로 정하고
위 부동산등기 신청 및 취하에
관한 모든 행위를 위임한다.
또한 복대리인 선임권을
허락한다.
서기 20　년　월　일
</td>
</tr>
</table>
</td>
</tr>
</table>

위 임 장

<table>
<tr>
<td rowspan="2">부
동
산
의
표
시</td>
<td>1동의 건물의 표시
경기도 오산시 금암동 515 세교데시앙포레 제 **0동
[도로명주소] 경기도 오산시 여계산로 21</td>
</tr>
<tr>
<td>전유 부분의 건물의 표시
건물의 번호 : 제600동 제7층 제700호
구조 및 면적 : 철근콘크리트구조 101.18㎡</td>
</tr>
</table>

등기원인과 그 년월일	서기 2024년 05월 24일 설정계약
등기목적	전세권설정
채권 최고액	금 5,000,000원정
존속 기간	2024년 01월 01일부터 2026년 12월 31일까지

<table>
<tr>
<td rowspan="2">등기의무자

등기권리자</td>
<td>박○○ **0101-1234567
경기도 오산시 여계산로 21, 600동**0호
(금암동, 금암마을휴먼시아데시앙아파트)</td>
<td rowspan="2">법무사

위 사람을 대리인으로
정하고 위 부동산등기
신청 및 취하에 관한
모든 행위를 위임한다.
또한 복대리인 선임권을
허락한다.
서기 20 년 월 일</td>
</tr>
<tr>
<td>이상준 아카데미 대부주식회사
134511-047****
인천광역시 계양구 장제로 9**번길 3비02호
(병방동, **아트빌)
대표이사 이상준</td>
</tr>
</table>

근저당권부 질권 설정계약서

제1조 부동산 표시

1동의 건물의 표시

경기도 오산시 금암동 515 세교데시앙포레 제**0동

[도로명주소] 경기도 오산시 여계산로 21

전유 부분의 건물의 표시

건물의 번호 : 제600동 제7층 제700호

구조 및 면적 : 철근콘크리트구조 101.18m^2

전유 부분의 대지권의 표시

토지의 표시 : 1.경기도 오산시 금암동 515 대 76,085m^2

대지권의 종류 : 소유권

대지권의 비율 : 76,085분의 63.51

제2조 담보할 근저당권의 내역

제1조 부동산에 <u>2024년 05월 24일 접수 제 12345호</u>로 등기한 근저당권 설정등기
　　(양도액 금100,000,000원)

제3조 채무자(질권 설정자) 이상준 아카데미 대부(주)은/는 채권자 겸 질권자 제○○○캐
　　피탈주식회사로부터 금100,000,000원을 차용할 것을 약속하고 이를 수령한다.

제4조 <u>질권자(채권자) 제○○○캐피탈주식회사(은)</u>는 질권 설정자(채무자) 이상준 아카
　　데미 대부(주)의 채무의 이행을 담보하기 위해 질권 설정자 소유의 제2조 근
　　저당권에 대해 근저당권부 질권을 설정하고 당해 채권증서의 교부를 받았다.

제5조 질권자(채권자)는 제2조 근저당권 물건이 공매 및 경매 처분에 붙여지거나 또
　　는 수용되었을 때 및 근저당권의 해제가 있었을 때는 변제기 전이라도 질권의
　　목적인 채권을 징구, 채무의 변제에 충당할 수 있다.

20 년 월 일

채 권 자　　　제○○○캐피탈주식회사(110111-1234567)

(겸 질권자)　　대구광역시 달서구 ○○로 10, 100동 **00호(월성동, 1단지)

　　　　　　　대표이사 김○○

채 무 자　　　이상준 아카데미 대부주식회사(134511-047****)

(겸질권 설정자) 인천광역시 계양구 장제로 9**번길3, 비02호(병방동, **아트빌)

　　　　　　　대표이사 이상준

위 임 장

<table>
<tr>
<td rowspan="3">부
동
산
의
표
시</td>
<td>**1동의 건물의 표시**
경기도 오산시 금암동 515 세교데시앙포레 제 **0동
[도로명주소] 경기도 오산시 여계산로 21</td>
</tr>
<tr>
<td>**전유 부분의 건물의 표시**
건물의 번호 : 제600동 제7층 제700호
구조 및 면적 : 철근콘크리트구조 101.18㎡</td>
</tr>
<tr>
<td>**전유 부분의 대지권의 표시**
토지의 표시 : 1.경기도 오산시 금암동 515 대 76,085㎡
대지권의 종류 : 소유권
대지권의 비율 : 76,085분의 63.51</td>
</tr>
<tr>
<td>**등기원인과 그 년월일**</td>
<td>2024년 05월 24일 설정계약</td>
</tr>
<tr>
<td>**등기목적**</td>
<td>근저당권부 질권 설정</td>
</tr>
<tr>
<td>**채권액**</td>
<td>금100,000,000원</td>
</tr>
<tr>
<td>**채무자**</td>
<td>이상준 아카데미 대부주식회사,
인천광역시 계양구 장제로 9**번길 3비02호(병방동, **아트빌)</td>
</tr>
<tr>
<td>**담보할 근저당권의 표시**</td>
<td>2024년 5월 24일 접수 제12345호로 등기한 근저당권 설정등기</td>
</tr>
<tr>
<td colspan="2">
등기권리자   제○○○캐피탈주식회사
               110111-1234567
               대구광역시 달서구 00로 10, 100동 1000호
               (월성동,1단지)
               대표이사 김○○

등기의무자   이상준 아카데미 대부주식회사
               134511-047****
               인천광역시 계양구 장제로 9**번길 3비02호
               (병방동, **아트빌)
               대표이사 이상준

위 사람을 대리인으로 정하고 위 부동산의 등기신청, 취하, 등기필 정보 및 수령에 관한 모든 행위를 위임한다.
또한 복대리인 선임권을 허락한다.
20 년   월   일
</td>
</tr>
</table>

임대차 확인서

_____ 귀중

담보물 소재지 :

금번 귀사에 담보로 제공한 위 부동산의 임대관계는 아래와 같으며, 추후 확인사항과 상이함이 발견될 경우에는 귀사가 채권회수 등 어떠한 조치를 취해도 이를 감수하고 이의를 제기치 아니함은 물론 귀사에 미치는 손해에 대해 민·형사상 책임질 것을 연서 각서합니다.

대부계약 이후 임대차 현황이 파악되었을 경우 이는 무상임대차로 간주하며 이 증서를 무상임대차 확인서로 한다.

1. 임대차 사실이 없는 경우

□ 임대차 사실 없음	소재 주소지에 본인 외 타 세대의 주민등록 등재 및 임대차 사실이 없음	담보제공자 _____ (인)
□ 무상 거주 시	소재 주소에 본인 및 세대원 전원은 현재 거주하며 주민등록 등재되어 있으나, 임대차계약을 체결하거나 어떠한 명목의 금전채권이나 전세금도 지불한 사실이 없음 ＊소유자와의 관계 : ＊무상거주 사유 :	담보제공자 _____ (인) 본 인 (무상거주자) _____ (인)
□ 비거주 시	소재 주소지에 본인 및 세대원 전원은 주민등록은 등재되어 있으나, 실제 거주하지 않고 있으며 임대차계약을 체결하거나 어떠한 명목의 금전채권이나 전세금도 지불한 사실이 없음 ＊소유자와의 관계 : ＊전입 사유 사유 :	담보제공자 _____ (인) 본 인 (전입자) _____ (인)

2. 임대차 사실이 있는 경우

임대유형	임차일	만기일	임대금액	임차인명	비고

20 년 월 일

채 무 자 :   (인)   임차인 :   (인)

주민등록번호 : _____ - _____

담보제공자 :   (인)

질권 설정 승낙서

부동산의 표시 :

상기 부동산으로 인해 20 년 월   일 체결한 대부거래 표준계약서에 의한
귀사의 질권 설정자의 채권 및 동 채권을 담보하고자 _____법원 등기
과 접수번호 제_____호로 등기한 근저당권(채권최고액 _____원)
에 대해 _____과의 질권 설정계약에 의해 _____을 질권자로
해 질권을 설정함을 승낙합니다.

위와 관련해 본인은 질권 설정 승낙과 관련된 모든 권한(질권 설정 공란을
보충할 수 있는 권한 포함)을 귀사에게 위임합니다.

20 년 월 일

위 승낙인 성명 : _____(인)

주민등록번호 : _____-_____

담보제공자 :   (인)

확 약 서

1. 본인은 귀사의 담보를 제공해 금전을 차용하면서 신용조회상의 신용대출 외 다른 우발채무(압류, 가압류 통지를 받은 사실)는 없으며 귀사의 근저당설정 기일보다 빠른 기일에 발생된 우발채무(압류, 가압류 통지를 받은 사실)에 대해서는 귀사를 기만하고 대출을 신청한 것으로 간주해 민·형사상의 어떤 처벌도 감수할 것을 확약합니다.

2. 기한의 이익상실조건
   다음 하나라도 해당 시 그 즉시 법정 최고이자가 적용됩니다(기한 이익의 상실).
   1) 후순위 채권의 이자 연체를 2회 이상 연체 시
   2) 선순위 채권의 이자 2회 이상 연체해 후순위 채권의 담보력이 부족할 때
   3) 채무자가 파산 또는 개인회생 절차 개시 신청이 있었을 때
   4) 채무자가 제3자로부터 강제집행, 가압류, 가처분, 경매 신청을 받을 때
   5) 자서일 이후 담보 부동산의 전입세대가 변경되었을 때 익일
   6) 대출금이자 납입 시 정해진 월 납입금을 전체 입금하지 아니하고 일부만 입금해 정상적인 대출거래라고 보기기 어려운 경우(3회 이상 부족한 금액만 입금 시)
   7) 담보제공 부동산에 압류, 가압류, 경매 기입 등기로 채권자의 권리 침해 시 그 즉시 법정 최고이자 징수
   8) 개인회생, 법인회생, 파산, 채권자 동의 없는 소유권이전 시 그 즉시 법정 최고이자 적용

3. 본 대출과 관련해 채무자는 채권자에게 공란을 보충할 수 있는 권한을 위임합니다(주소 질권, 대위변제(승낙)계약서 등).

4. 담보 대출을 진행함에 있어 설정비용을 제외한 일체의 수수료 지급을 하지 않음을 확인합니다.

5. 상환은 최소 1~2일 전에 미리 연락해줄 것을 확인합니다.

6. 채무자는 대출 필수서류발급에 적극적으로 협조하며 추가서류 필요시 2일 이내 채권자에게 제출합니다.

20 년 월 일

위 확약인 성명 : _____(인)

주민등록번호 : _____ - _____

대위변제 약정서

대위변제자는 선순위채권자 _____의 채권원리금 채무자를 대신해 대위변제하기로 하며 대위변제자와 채무자는 아래와 같이 약정한다.

- 아 래 -

1. 채무자는 본 부동산 담보물건의 근저당권부 선순위채권 또는 대위자(후순위채권자)의 채권에 대해 기한 이익이 상실되어 임의·강제경매가 진행될 경우 후순위 채권자인 대위자가 선순위 채권을 대위변제하고 채권 및 근저당권을 양도, 양수받는 데 동의한다.

   (기한 이익의 상실)
   1) 후순위 채권의 이자 연체를 2회 이상 연체 시
   2) 선순위 채권의 이자 2회 이상 연체해 후순위 채권의 담보력이 부족할 때
   3) 채무자가 파산 또는 개인회생절차 개시 신청이 있었을 때
   4) 채무자가 제3자로부터 강제집행, 가압류, 가처분, 경매 신청을 받을 때
   5) 자서일 이후 담보 부동산의 전입세대가 변경되었을 때 익일

2. 채무자는 대위자가 대위변제한 대위변제금, 연체이자, 비용을 대위변제자에게 변제하기로 한다.

* 채무자는 대위자에게 공란의 보충권을 부여함
  (본 서류는 기한 이익상실 시 사용하는 서류임)

20 년 월 일

채무자 성   명 :   (인)
     주민등록번호 : _____-_____
     주   소 :

대위자 상   호 :   (인)
     사업자번호 : _____-_____
     주   소 :

대위변제 신청(승낙)서

20 년   월   일자 대출로 채무자_____가 귀 은행에서 차용한 대출금을 아래와 같이 채무자 동의를 받아 전액 변제하오니 승낙해주시고 (채권에 관한 증서와) 변제증서는 본인에게 교부해주시기를 서명 날인해 이에 신청합니다.

- 아 래 -

▶ 대출금내역(대위변제 기준일 : 20 . .)

채무자	원금	이자	가지급금	합계	비고

20 년 월 일

채무자 성   명 :   (인)

　　　 주민등록번호 : _____ - _____

　　　 주   소 :

변제자 성   명 :   (인)

　　　 사업자번호 : _____ - _____

　　　 주   소 :

　　　 변 제 사 유 :

_____ 귀중

- **법정대위** : 공동채무자(연대채무자, 연대보증인, 보증인, 물상보증인, 담보물의 제3취득자, 후순위담보권자 등)
- **임의대위** : 변제할 정당한 이익이 없는 자(제3자 등)로 채무자의 승낙이 있어야만 대위 가능
- **채권에 관한 증서**는 대출금 전액에 대한 변제 시에만 교부 가능하며, 일부변제 시에는 일부대위변제증서로 교부 가능

선순위 담보 채권의 대위변제 동의(승낙)서

채무자		선순위 금융기관의 채무자	
담보 물건지			

1. 채무자가 채권자에 대해 가지는 기한의 이익을 〈대부거래 표준약관 제12조에 의거〉 상실하게 된 경우, 채무자 및 선순위 금융기관채무자는 채권자가 채무자로부터 제공받은 담보 부동산에 경매 진행을 함과 동시에 담보 부동산의 선순위 근저당권부 채권자들(금융기관 등)의 채무금의 원금, 이자, 경매 비용 등 모든 채권을 채무자를 대위해 변제하는 것과 대위변제 후 근저당권을 대위변제자 명의로 이전하는 것에 대해 이의 없이 동의, 승낙하며 선순위 채권자로부터 대위변제증서, 대출거래약정서, 근저당권 설정계약서 등 필요한 모든 서류를 교부받는 것에 대해 이의 없이 동의, 승낙합니다.

2. 선순위 금융기관에 대위변제 시 채무자의 방문을 본 동의(승낙)서로 갈음하며, 동의(승낙)와 관련해 선순위 금융기관에 어떠한 이의를 제기하지 않을 것입니다.

3. 채권자가 선순위 금융기관을 방문할 때 채권자 회사의 임직원 또는 지시인이 방문할 수 있는 행위를 위임해, 대리권과 복대리인의 선임 권한을 부여한 것입니다.

4. 본 동의서를 채권자가 채무자 및 선순위 금융기관채무자의 위임장 및 인감증명서를 첨부해 공증인사무실에서 사서인증을 받는 것에 대해 동의하며, 사서인증 후 대위변제 신청 시 채권자가 선순위 금융기관을 비롯한 채권자들에게 교부하는 것에 대해 동의합니다.

20 년 월 일

동의자 성명 :　　　　　　　　(인)

　　겸

선순위 금융기관의 채무자 : ＿＿＿＿＿＿(인)

　　　　주민등록번호 : ＿＿＿＿＿＿＿ - ＿＿＿＿＿＿＿

위 임 장

법무사사무소

위 사람을 대리인으로 정하고
대출금의 상환 및 근저당권의 설정, 해지를 위한
행위 일체를 위임함.

20 년 월 일

위임인 성명 : _____(인감)

　　　　주민등록번호 : _____ - _____

상 환 위 임 장

아래 수임인을 대리인으로 정해 다음 사항을 위임함.

수임인 :

위임사항 : 아래 기재의 대출에 대해 대출금 상환과 상환 및 해지 업무에 필요한 서류 수령을 포함한 상환업무와 관련된 일체의 행위

NO	해당 금융기관	상환금액	계좌번호	비고
1				
2				
3				
4				
5				
합계				

대출금액에서 부대비용 및 상환금액을 일괄처리 한 후 남은 잔액을 (채무자) 계좌로 입금한다. (확인함)

20 년 월 일

위임인 성명 : _____(인)

　　　주민등록번호 : _____ - _____

한 권으로 끝내는 대부업, 대부중개업 창업 가이드북

대출채권 양도·양수 신청(승낙)서

담보물건 소재지

담보물건 소유자

본 대출채권에 대해 차후 대출채권의 양도·양수 신청에 동의합니다. 위 담보물에 대해 대출채권의 양도 사유에 해당 시 대출금의 채권 매각에 승낙을 인정합니다.

양도 사유 : 본 대출 채권에 대해 차후 대출금의 채권최고액 채권의 양도, 양수 사유가 발생히 채권양도, 양수에 동의합니다

아래 기재의 대출 권리재한 사유가 발생 시 채권의 양도양수 신청에 동의합니다.

1. 채무자는 본 부동산 담보물건의 근저당권부 선순위채권 또는 대위자(후순위 채권자)의 채권에 대해 기한 이익이 상실되어 임의·강제경매가 진행될 경우 후순위 채권자인 대위자가 선순위 채권을 대위변제하고 채권 및 근저당권을 양도, 양수와 금리 변동에 동의한다.

   (대위변제 및 채권 양도양수 사유 : 기한 이익의상실 등)
   1) 후순위 채권의 이자 연체를 2회 이상 연체 시
   2) 선순위 채권의 이자를 2회 이상 연체해 후순위 채권 담보력을 해할 때
   3) 채무자가 파산 또는 개인 회생절차 개시 신청이 있었을 때
   4) 채무자가 제3자로부터 강제집행, 가압류, 가처분, 경매 신청을 받을 때
   5) 자서일 이후 담보 부동산의 전입세대가 변경되었을 때 익일
   6) 채무자의 개인회생 및 파산 신청, 법인회생, 파산 등 채권자의 채권보전조치가 필요한 때

2. 채무자는 양도, 양수 및 대위변제한 대위변제금, 연체이자, 비용을 대위변제자에게 변제하기로 한다.

* 채무자는 대위자에게 공란의 보충권을 부여함(본 서류는 기한 이익상실 시 사용하는 서류와 동시에 대출채권의 양도양수 신청에 동의함)

\# 대출금액 채권의 양도양수금액 금리변경에 대해 채무자 승인(확인함)

NO	변경 전 채권 양도인 정보		변경 후 채권양수인 정보		비고
	대출금액	현 대출금리	대출금액	변경 대출금리	
1					
2					
합계					

\# 대출금액 채권 양도양수 및 금리변경에 대해 채무자 승인(확인함)

20 년 월 일

위임인 성   명 : ＿＿＿＿＿＿＿(인)

　　　주민등록번호 : ＿＿＿＿＿＿ - ＿＿＿＿＿＿

대출채권 조건 변경 신청(승낙)서

담보물건 소재지

본 대출 채권에 대해 차후 선순위 대출금을 대위변제 시 아래와 같이 금리 변경을 수락합니다. 아래 기재 대출에 대해 대출금 상환과 상환 및 해지 업무 시 금리 변경을 인정합니다.

1. 채무자는 본 부동산 담보물건의 근저당권부 선순위채권 또는 대위자(후순위 채권자)의 채권에 대해 기한 이익이 상실되어 임의·강제경매가 진행될 경우 후순위 채권자인 대위자가 선순위 채권을 대위변제하고 채권 및 근저당권을 양도, 양수 시 금리 변경에 동의한다.

   (대위변제 사유 : 기한 이익의상실)
   1) 후순위 채권의 이자 연체를 2회 이상 연체 시
   2) 선순위 채권 이자를 2회 이상 연체해 후순위 채권 담보력을 해할 때
   3) 채무자가 파산 또는 개인 회생절차 개시 신청이 있었을 때
   4) 채무자가 제3자로부터 강제집행, 가압류, 가처분, 경매 신청을 받을 때
   5) 자서일 이후 담보 부동산의 전입세대가 변경되었을 때 익일

2. 채무자는 대위자가 대위변제한 대위변제금, 연체이자, 비용을 대위변제자에게 변제하기로 한다.

* 채무자는 대위자에게 공란의 보충권을 부여함(본 서류는 기한 이익상실 시 사용하는 서류임)

\# 대출금액, 금리 변경에 대해 채무자 승인(확인함)

NO	변경 전 대출 정보		변경 후 대출 정보		비고
	대출금액	현 대출금리	대출금액	변경 대출금리	
1					
2					
3					
합계					

20 년 월 일

채무자 성 　 명 : _____(인)

　　　　주민등록번호 : _____ - _____

대위자 상 　 호 : _____(인)

　　　　사업자 번호 : _____ - _____

주민등록법 시행규칙 [별지 제15호서식] 〈개정 2017. 5. 29.〉

주민등록 전입세대 열람 신청서

※ 뒤쪽의 유의 사항을 읽고 작성하기 바랍니다.   (앞쪽)

접수번호		접수일자		처리 기간 즉시	
신청인 **(위임받은 사람)**	성명		(서명 또는 인)	주민등록번호	
	주소(시·도) (시·군·구)			연락처	
법인 신청인	기관명			사업자등록번호	
	대표자		(서명 또는 인)	연락처	
	소재지				
	방문자 성명	주민등록번호		연락처	

열람 대상 물건 소재지

용도 및 목적	증명 자료

'주민등록법' 제29조 제1항 및 같은 법 시행규칙 제14조 제1항에 따라 주민등록 전입세대 열람을 신청합니다.

년   월   일

시장·군수·구청장 또는 읍·면·동장 및 출장소장 귀하

위임장

'주민등록법' 제29조 제1항 및 같은 법 시행규칙 제14조 제1항에 따라 주민등록 전입세대 열람 신청을 위와 같이 위임합니다.

년   월   일

개인 신청인 **(위임한 사람)**	성명	(서명 또는 인)	주민등록번호
	주소		연락처
법인 신청인 **(위임 법인)**	기관명		사업자등록번호
	대표자	(서명 또는 인)	연락처
	소재지		

첨부 서류	1. 위임한 사람의 주민등록증 등 신분증명서(담당 공무원이 위임장의 진위 여부 확인을 위해 요청하는 경우) 2. 신청 자격 증명 자료(행정정보 공동이용을 통해 확인이 불가능한 경우)	수수료 1건 1회 300원

[   ] 행정정보 공동이용 동의서(소유자)   [   ] 전·월세 거래 정보 시스템 이용 동의서(2014. 1. 1. 이후 임차인)

본인은 이 건의 업무 처리를 위해 담당 공무원이 '전자정부법' 제36조 제1항에 따른 행정정보의 공동이용을 통해 관할 행정청이 등기부 등본 등으로 본인 소유 여부 등을 확인하거나 '주택임대차보호법' 제3조의6 제2항에 따른 전·월세 거래 정보 시스템의 확정일자 부여 사실로 임차인 여부 등을 확인하는 것에 동의합니다.
* 동의하지 않는 경우에는 신청인이 직접 관련 서류를 제출해야 합니다.

신청인(위임한 사람)   (서명 또는 인)

210mm×297mm[백상지(80g/㎡) 또는 중질지(80g/㎡)]

각 서
(임대차계약 있는 임차인용)

_____ 귀중

1. 부동산의 표시 :

2. 소 유 자 :

▶ 위 표시 부동산을 소유자가 귀하에 대한 채무자 (   )의 채무의 담보로 제
공해 채권에 대해 금 _____원정의 근저당권을 설정함에 있어서 본인은 위
부동산에 대해 설정일 현재 귀하에 제시한 임대차계약(전세계약-포함) 이외의 다
른 계약 체결이 없음을 다음과 같이 확인합니다.

다 음

□ 임대차계약(전세) 계약 내용

입주자 성명	입주 년월일	임대차 계약 내용				입주자 확인	
		계약 년월일	구분		임차보증금 (전세금)	서명 날인	비고 (연락처)
			전세	월세			

▶ 후일 귀하가 상가 부동산에 대해 권리를 행사함에 있어서 전혀 이의를 제기하지
않을 것을 약속하며, 만일 전항의 확인 내용이 허위일 경에 발생하는 민·형사상
의 문제에 대해 책임을 질 것을 확약합니다.

20 년 월 일

본   인   성 명 : _____(인)
채 무 자   주 소 :
담보제공자 성 명 : _____(인)
          주 소 :

※첨부 : 임대차계약서 1부 및 인감증명서 1부, 신분증 사본 각 1부.

대부업 대부중개업 창업 실무 과정

 이상준 아카데미 강의 문의 **010-9074-8918**

100세 시대! 행복한 노후를 위한 거침없는 질주, 무엇으로 준비하고 계신가요? 왜 지금의 평범한 삶에 만족하고 계시나요? 특별하지 않지만 멋진 노년을 준비하고 싶다면 이상준 아카데미에서 해결해드립니다.
금융업의 꽃, 대부업, 대부중개업 모든 것!
이론부터 실무를 배워 창업까지(A에서 Z까지), 실전 사례를 전해드립니다.
창업 성공 노하우 1:1 상담해드립니다.

 ## 대부업 대부중개업 창업자 과정, 누가 들으면 좋은가요?

- 종잣돈을 활용한 투자를 원하시는 분
- 100세 시대! 은퇴 후 무엇을 할지 고민이 많으신 분
- 재무설계, 자산관리, 재테크가 걱정되는 분
- 잠자는 동안에도 수익 창출을 얻고자 하시는 분
- 안전한 부동산, 채권 투자를 원하시는 분
- 본업 외 부수입 창출을 원하시는 분

 ## 대부업 대부중개업 창업자 교육 과정

- 금융업과 시장 원리의 상관관계 이해
- 대부업 및 대부중개업 이해
- 대출의 종류 및 대출 방식
- 채무자 상담 및 대출 자서 및 사후관리 실무 전반
- 대출의 위험과 리스크 헤지 방법
- 대부업 대부중개업 창업과 수익구조
- 대부업, 대부중개업 실무사례(성공사례 VS 실제사례)
- 질의 및 응답

 수강하신 모든 분들에게 창업 방법 및 투자 방법에 대한 무료 컨설팅을 제공합니다.

필자는 중학교 1학년 여름, 빚만 남기고 갑작스럽게 세상을 떠난 아버지 때문에 지독히도 가난한 유년 시절을 보냈다. 먹을 것이 없어 칡뿌리, 민들레, 쑥으로 배를 채우고 살았던 적도 있었다. 강아지, 토끼, 병아리, 돼지를 키우며 어렵게 삶을 영위하다가 초등학교(당시 국민학교)에 들어갔는데, 운동부에 들어가면 훈련을 마치고 라면과 달걀을 먹을 수 있어서 육상부에 들어가 굶주린 배를 채웠다.

중학교에 입학하기 전, '하룻밤 사이에 이 글을 만들고 머리가 하얗게 세었다'라고 해서 '백수문(白首文)'이라고도 하는 《천자문》과 고시(古詩)를 독파하기 시작하면서 학문에 심취했다. 국가대표 선수가 되라는 주위의 기대를 뒤로하고 인간이 살아가는 데 있어 중요한 인생관과 세계관을 탐구하는 학문인 철학(哲學)과 고전(古典)에 빠져들었다. 남송 때 주희(朱熹)가 말한 것처럼 책을 읽을 때, 口到(구도)로서 입으로 소리를 내어 읽고, 眼到(안도)로서 눈으로 읽으며, 心到(심도)로서 마음을 집중해 책을 제대로 이해하는 독서삼도(讀書三到)를 실천했다.

이렇게 《논어》, 《맹자》, 《대학》, 《중용》, 《시경》, 《서경》, 《역경》, 《연해자평정해》, 《격암유록》 등을 공부하고 삶에 큰 깨달음을 얻었다.

20대 초반, 우연히 인천 자유공원에 놀러 갔다가 인생의 두 번째 스승인 '조 선생'을 만나 명리학(命理學)의 3대 원전(原典) 중 하나인 《연해자평淵海子平》, 즉 송(宋)의 동재(東齋) 서승(徐升)이 편찬하고 명(明)의 죽정(竹亭), 양종(楊淙)이 증교(增校)한 명리학 교본을 선물로 받았다. 조 선생께서 이 책을 선물로 주시면서 "100번을 읽으면 깊은 바다를 들여다보듯 사람의 과거, 현재, 미래가 보일 것이다"라고 하셨다. 처음 이 책을 접했을 때 글 전체가 한자로 되어 있어 한 번 읽는 데 꼬박 3개월이 걸렸다. 이 책은 육십갑자(六十甲子)의 이해를 돕는 서적이었다.

처음부터 논리적으로 배우지 않으면 배움이 모래 위에 집을 짓는 상이라 곧 허물어지니 제대로 배우라고 스승님은 말씀해주셨다. 조 선생님은 의사였는데, 사람의 오장육부를 들여다보니 그 사람의 과거, 현재, 미래를 배우고 싶어 공부를 시작했다고 한다. 30년 전 당시 필자가 처음 찾아갔을 때 수많은 국회의원들이 국정과 자신의 정치 운명을 알아보기 위해 스승인 조 선생님을 찾아왔다. "내가 제자를 키우지 않지만 자네 눈빛이 선해 보여 이 책을 주고 사주 명리학을 가르쳐주겠네"라고 하신 말씀이 아직도 귓가에 맴돈다.

필자는 고등학교 입학 당시 인문계를 포기하고 실업계인 상고에 입학하게 되었다. 고등학교에 입학 후 철학과 인문학에 심취해서 친구들로부터 '공자'라는 별명을 듣고 살았다. 고3 때 집안의 생활비를 대주시던 형님이 교통사고로 사망하자, 실의에 빠져 고등학교를 졸업하고 바로 군에 입대했다. 최전방인 강원도 인제군 원통면 서화리 민통선에서 군인 시절을 보냈는데, 민간인을 볼 수 없는 곳이었다. 많은 선임병에게 연애편지와 대대장 연설문을 써주고 군대 내에서 '문학소년'이라는 별명을 얻었다. 필자가 쓴 연설문으로 '반공의 날'에 웅변대회에서 최우수상을 받아 특별휴가를 받기도 했다.

군대를 제대하고 동양철학과 서양철학을 독파했다. 생계를 위해 서울 종로시험센터에 들렀다가 우연히 신문을 통해 신입행원 모집 시험을 보고 영어, 상식, 수산개론, 시험을 보고 차석으로 입행했다. 입행 시 쓴 자기소개서는 화제가 되었다. 그냥 평상시 올바른 생각과 인성으로 책을 많이 읽었을 뿐이었는데, '어떻게 이런 인재가 우리 직장에 들어왔냐'며 소문이 퍼졌다.

입사 후 못다 한 공부를 위해 고척동에 살던 누나 집에서 출퇴근하며 주경야독(晝耕夜讀)했다. 낮에는 일하고 밤에는 글을 읽으며 바쁘고 어려운 중에도 꿋꿋이 공부했다. 처음 입사한 직장의 상사는 업무가 끝나면 매일같이 술집에 데리고 다니며 술을 가르쳐주었다. 처음

한 권으로 끝내는 대부업, 대부중개업 창업 가이드북

에는 '왜 이렇게 쓰디쓴 소주를 마시며 사람들이 즐거워하는 것일까?' 이해하지 못했지만, 아버지의 피는 속일 수가 없었다. 그렇게 술 마시며 즐기느라 잠시 공부를 게을리하며 10년을 허송세월로 보냈다.

"상준아, 넌 뭘 그렇게 세상을 어렵게 사나! 뭔 공부야! 그냥 인생을 즐기며 살아. 이 형을 봐, 재미있게 세월을 낚으며 노래도 부르며 즐겁게 살잖아. 우리 아우도 힘들게 살지 말고 즐기며 살아. 언제 어떻게 될지가 모르는 게 인생이야."

직장 상사의 이런 말을 듣고 이 사람이라면 승진도 시켜주고 직장에서 성공도 하겠구나 싶어, 함께 술과 풍류를 즐기며 10년을 보냈다. 그러던 중, 필자를 승진시켜줄 것 같았던 과장, 지점장은 직장을 용퇴하고 나갔다. 필자는 어이가 없었다. "이 사람의 말을 듣고 덧없이 흘려보낸 10년의 삶을 누구도 보상해주지 않는구나" 통곡을 했다.

작년에 이분의 딸이 수원에서 결혼식을 올려 참석했다. 그리고 이 이야기를 꺼내자, "전혀 기억이 없는데…"라고 말씀하셨다. 다시 한 번 누구를 탓해봐야 나만 손해라는 것을 깨달았다. 이 선배 지점장이 퇴직한 후 결심했다. 후회 없는 삶을 살아야겠다고.

어려서 같이 자란, 〈동아일보〉 부장으로 근무하는 친구가 직장동료 문상을 하러 필자의 집 주변에 온 적이 있었다. 이 친구가 병원 장례식장 커피숍에서 들려준 충격적인 이야기로 필자는 다시 태어났다.

'참나무를 두들겨서 종균을 깨줘야 표고버섯이 자란다'라고 하듯이, 참나무가 망치에 충격을 받은 느낌으로 정신이 번쩍 들었다. 그 이후 주경야독으로 공부해 야간대학을 졸업하고 곧바로 대학원에서 박사 학위를 받았다. 필자가 대학교와 대학원에서 강의하다 보면, 어려서 광주상고, 경기상고, 이리상고 등을 졸업하고 은행이나 대기업에 다니면서 야간대학을 졸업하고 박사 학위까지 취득하는 샐러리맨을 많이 본다. 참 본받을 만한 일이다.

그런데 직장생활과 공부를 병행하며 성공하려는 필자를 좋아하고 축하해주며 반기는 직장동료는 많지 않았다. 음해하는 직원으로 인해 입사 20년 만에 평직원으로 발령이 났다. 입사 동료는 지점장이 되었는데 말이다. 필자는 야간대학에서 경제학과 경영학을 공부하고 졸업했다. 일은 점점 늘고 해야 할 공부는 쌓였지만, 결국 대학원에서 국제금융 MBA를 졸업하고 박사 학위를 취득했다.

필자는 '인생 수업'으로 수많은 지식과 지혜와 지성을 일깨워주며 다양한 연령대의 사람들과 소통하며 인문학을 전파하고 있다. 빠르게 변화하는 시대 속에서 버거운 삶을 살아가는 청소년들에게 인문학으로 지금까지 살아온 삶과 앞으로 살면서 겪게 될 아픔 또한 인생이라는 것을 일깨워주고 새로운 길을 열어주고 있다. 꿈을 잃은 수많은 사람들에게 새로운 자신만의 길을 찾게 해주고, 방황하는 아이들에게 삶의 지혜를 얻게 해주고 싶다.

개개인의 간절한 꿈과 열정적인 실천에 따라 결과는 반드시 따라올 것이다. 살다 보면 노력하지 않아도 얻어지는 일이 있을 수 있다. 그러나 곧 열정을 가지고 지속해서 노력해야만 원하는 것을 얻을 수 있음을 알게 될 것이다. 자기 인생은 스스로 만들어가는 것이다. 수영할 줄 모르는 사람이 수영장을 바꾼다고 수영을 잘하게 되지 않을 것이다. 도전하기 싫은 사람이 도구를 바꾸거나 직장을 옮긴다고 근본적인 문제해결이 되지 않으며, 건강하지 않은 사람이 비싼 약을 먹는다고 병이 낫지 않는다. 모든 문제의 근원은 우리 자신에게 있다. 우리 마음에 긍정과 희망, 그리고 열정이 있다면 원하는 것은 무엇이든 얻을 수 있을 것이다.

독자 여러분!

지혜롭게 사는 것은 소중한 것들을 잘 헤아릴 줄 아는 것입니다. 이것은 마치 끝없는 샘물은 퍼먹을수록 깨끗한 물이 더욱 샘솟는 것과 같습니다. 잠자는 동안에도 돈이 들어오는 금융업이 그렇습니다.

많은 사람들이 목표를 향해 불타는 열정으로 질주합니다. 목표와 희망은 자신감을 불러일으키고 확실한 결정을 내리도록 스스로를 돕습니다. 이 세상에서 가장 중요한 것은 '내가 어디에 있는가'가 아니라 '어느 쪽을 향해 가고 있는가'를 파악하는 것입니다. 실천은 생각에서 나오는 것이 아니라 잘 준비할 때 이뤄집니다.

실무 경력 32년의 금융전문가, 국가공인 자산관리사에게 배우는 대부업과 대부중개업 실무 방법, 금융업으로 돈의 속성을 배워 우주를 품을 수 있는 넓은 마음의 능력자가 됩시다. 새로운 삶에서 올바른 방향으로 밝은 세상을 보는 능력을 키우는 힘이 바로 '금융업(대부와 대부중개업)의 힘'입니다.

금융업의 범주는 생각보다 넓고 깊습니다. 인간의 에너지 파장을 학문으로 풀어내기란 쉬운 일이 아니기 때문입니다. 금융업 수업은 어렵고 복잡한 책을 읽어야만 얻을 수 있는 것은 아닙니다. 필자는 이 책에서 드넓은 사막의 모래 먼지부터 깊은 수심 속 지혜의 바다에 이르기까지 오늘을 살아가는 우리가 한 번쯤 곱씹어야 할 금융업 이야기를 엮어서 유용한 경제 상식과 금융 지식, 돈의 원리를 이해하는 방법을 적었습니다.

말레이시아 수마트라의 우림에 사는 하늘을 나는 개구리, 월리스 날개구리는 발가락 사이 피부를 날개처럼 사용합니다. 우물 안에 개구리도 비상하는데, 하물며 우리라고 비상을 못 하겠습니까? 의지만 있다면 가능합니다. 대부업과 대부중개업은 그리 어려운 일이 아닙니다. 정상적인 방법으로 담보를 잡고 은행하고 똑같이 채권 보전 근저당권 설정으로 금융기관보다 더 낮은 담보비율로 대출을 해주고 법정 최고 금리 범위 내 대출금 약정이자를 받아 자산을 증식시키는 방법입니다.

거미가 거미줄을 풀어내듯 흥미롭고 감동적인 이야기로 풀어내는 금융업 이야기, 실무에서 배우는 수업 방식으로 세상에서 가장 쉽게 배우는 1인 금융기관을 탄생시키는 방법은 우리 삶에 희망이 됩니다. 다시 한번 새로운 꿈을 꾸고 도전하기를 바랍니다.

독자 여러분! "남을 돕는다고 하면 보통 사람은 자신을 희생한다고 하지만, 사실 남을 도울 때 최고의 행복을 얻는 것은 자기 자신이다"라는 달라이 라마(Dalai Lama)의 말을 기억해 모두 부자가 되어 어둡고 그늘진 곳에 사는 이웃에게 손을 내밀고 이 사회의 마중물이 되어주시기를 바랍니다.

끝으로 "자기 자신의 주장을 굽힐 줄 아는 겸손한 사람은 많은 사람을 얻어 중요한 위치에 오를 수 있으며, 남에게 지는 것을 싫어하고 남을 이기기만 좋아하는 사람은 반드시 적을 만나게 될 것이다"라는 《명심보감(明心寶鑑)》의 글을 가슴속에 새기어 주변의 많은 사람으로부터 존경받는 삶을 살아주세요.

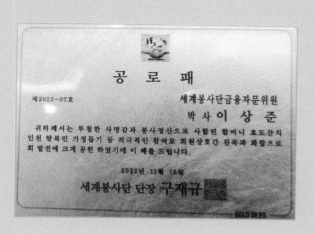

공 로 패

제2022-07호

세계봉사단금융자문위원
박사 이 상 준

귀하께서는 투철한 사명감과 봉사정신으로 사할린 할머니 효도잔치
인천 탈북민 가정돕기 등 적극적인 참여로 회원상호간 친목과 화합으로
회 발전에 크게 공헌 하였기에 이 패를 드립니다.

2022년 11월 18일

세계봉사단 단장 구재규

GOLD 99.9%

 이 글을 읽는 모든 독자가 희망과 사랑, 감동이 있는 아름다운 인생
을 향해 한 발 더 다가서기를 바랍니다. 어려운 시기, 불평불만 없이
아빠를 믿어주고 함께해준 사랑하는 우리 쌍둥이 딸 수지, 수민에게
이 책을 바칩니다. 감사합니다.

이상준(靑翼-푸른날개) 드림

한 권으로 끝내는
대부업, 대부중개업 창업 가이드북

제1판 1쇄 2024년 9월 11일

지은이 이상준
펴낸이 한성주
펴낸곳 ㈜두드림미디어
책임편집 최윤경, 배성분
디자인 디자인 뜰채 apexmino@hanmail.net

㈜두드림미디어
등 록 2015년 3월 25일(제2022-000009호)
주 소 서울시 강서구 공항대로 219, 620호, 621호
전 화 02)333-3577
팩 스 02)6455-3477
이메일 dodreamedia@naver.com(원고 투고 및 출판 관련 문의)
카 페 https://cafe.naver.com/dodreamedia

ISBN 979-11-94223-04-7 (03320)

**책 내용에 관한 궁금증은 표지 앞날개에 있는 저자의 이메일이나
저자의 각종 SNS 연락처로 문의해주시길 바랍니다.**

책값은 뒤표지에 있습니다.
파본은 구입하신 서점에서 교환해드립니다.